Inhalt

W0319777

Was die Lektüre dieses Buches Ihnen bringen wird

Sich selbst und andere gesund zu führen ist die Management-Schlüsselqualifikation des 21. Jahrhunderts. Denn Ihre individuelle Leistungsfähigkeit und die Leistungsfähigkeit Ihrer Mitarbeiter wird angesichts von demografischem Wandel, Fachkräftemangel und den starken psychischen Belastungen des Alltags ein immer kostbareres Gut. Als Führungskraft bzw. Personalmanager haben Sie doppelte Verantwortung: Sie können mit gesunder, vorbildhafter Selbstführung sich selbst leistungsfähig erhalten und Ihre Ziele besser erreichen. Zusätzlich haben Sie es in der Hand, die Leistungsfähigkeit und Motivation Ihrer Mitarbeiter zu steigern. Nur dann wird es Ihnen gelingen, Ihren Beitrag zu den ambitionierten ökonomischen Zielen Ihres Unternehmens zu erreichen, das sich zudem immer überzeugender als attraktiver Arbeitgeber im "war for talents" positionieren muss. Gesunde Führung hat also in jeder Hinsicht einen hohen Return on Investment – für Sie persönlich, Ihr Unternehmen und die Gesellschaft als Ganzes.

Die Lektüre dieses Buches

- belegt die Bedeutung gesunder Führung für den langfristigen Unternehmenserfolg
- zeigt den Nutzen gesunder Führung für die Attraktivität Ihrer Arbeitgebermarke (Employer Branding)
- motiviert Sie mit Return-on-Investment-Betrachtungen, sich auch aus kaufmännischer Sicht für die Qualität der Führung einzusetzen
- sensibilisiert Sie für den Zusammenhang zwischen Führungsstil und Mitarbeiterzufriedenheit bzw. -motivation
- gibt Ihnen praxistaugliche Methoden und Interventionen an die Hand, um Ihre Mitarbeiter gesund und leistungssteigernd zu führen
- weist Ihnen Wege, um Fallstricke der Führung (z. B. Demotivation) künftig besser zu vermeiden
- stärkt Ihre eigene Vorbildfunktion als Vorgesetzter
- liefert Impulse für Ihre gesunde Selbstführung inklusive Stress- und Burnout-Prävention.

Ein persönliches Vorwort

Sich selbst und andere führen - damit setze ich mich schon mein ganzes Leben auseinander. Aufgewachsen in einem Geschäftshaushalt, lernte ich früh mit Verantwortung, Leistung, Gestaltungsspielraum und Kundenorientierung umzugehen. Durch Schule und Studium führte ich mich selbst sehr motiviert und mit großer Dankbarkeit für die persönlichen Entwicklungschancen, z. B. Forschungsprojekte und Auslandsaufenthalte.

Mit 26 bekam ich dann meine erste Führungsposition in einem internationalen Medienunternehmen: Gerufen hatte ich nicht danach, und es war ehrlich gesagt die ersten Monate auch ein "Ritt über den Bodensee". Doch seitdem lässt mich der Reiz des Führens nicht mehr los: Menschen entwickeln, Projekte voranbringen, Verantwortung tragen, an Grenzen gehen, mit Rückschlägen fertig werden – und bei all dem gesund bleiben und Leistung mit Lebensfreude verbinden. Insgesamt 15 Jahre lang tat ich genau das sowohl in Großunternehmen als auch in Start-ups. Heute führe ich mich wieder selbst als Freiberuflerin und unterstütze Menschen und Unternehmen dabei, gesunde Selbst- und Mitarbeiterführung zu praktizieren.

Soweit zu meinem äußeren Weg. Mein Weg der inneren Führung drängte mich nach einer ersten Phase der klassischen Karriere- und Leistungsorientierung immer stärker zu der Frage: Was sind eigentlich die inneren Quellen der gesunden Führung? Welchen Einfluss haben Charakter und Persönlichkeit, mentale Gesundheit, die Biografie und Erziehungsmuster, Werte und Glaube auf unser Leben - auf Glück oder Unglück im Privaten, Erfolg oder Misserfolg im Beruf? Spannende und schier unerschöpfliche Antworten fand ich während meiner mehrjährigen psychotherapeutischen bzw. Coaching-Ausbildung.

Und so biete ich meinen Klienten - Menschen und Unternehmen – heute eine ganz besondere Kombination an:

Ich bin der psychotherapeutische Coach mit langer eigener Führungserfahrung.

Es gibt eine Coaching-Übung "Mein letzter Satz vor dem Sterben". Wofür hat man gelebt, was war die Mission, was sollen andere in Erinnerung behalten? Mein Satz lautet:

**"Ich habe mein Leben erfolgreich, gesund und sinnvoll geführt
und andere Menschen dazu inspiriert, das auch zu tun."**

Unter anderem mit diesem Buch. Ich wünsche Ihnen viel Freude und Nutzen beim Lesen.

Karlsruhe 2013

Kontakt:
www.nicole-strauss.com - www.xing.com/profile/Nicole_Strauss10 - Twitter: @strausscoaching

1. Die Vision: Gesund Leistung erbringen

In diesem Kapitel erfahren Sie, dass

- immer mehr Beschäftigte gesunde Rahmenbedingungen am Arbeitsplatz einfordern.
- die nachhaltige Gesundheit und Leistungsfähigkeit der Beschäftigten über die Zukunftsfähigkeit Deutschlands mitentscheidet.

1.1 Menschen wollen arbeiten – und dabei gesund bleiben

Menschen wollen einer sinnvollen Tätigkeit nachgehen. Die Ansicht, die Mehrzahl der Bürger hierzulande sehne sich nach einer Freizeitgesellschaft, ist empirisch nicht belegt. Im Gegenteil: Nach einer Umfrage des Online-Stellenportals Monster würde nur jeder Fünfte bei einer Erbschaft oder einem Lottogewinn seinen Job aufgeben; die allermeisten Berufstätigen würden trotz Geldsegens weiterarbeiten. Eine verbreitete Meinung ist auch, dass sich Beschäftigte überwiegend von Geld und anderen Einkommensbestandteilen wie Dienstwagen, Tankkarte usw. motivieren lassen. Eine seit 2008 laufende Langzeitstudie, an der sich mehrere tausend Menschen beteiligt haben, zeigt jedoch: Wir schwingen uns im Job vor allem dann zu guter Leistung auf, wenn wir Fortschritte bei unseren Aufgaben und Projekten erzielen können, ein positives menschliches Klima herrscht und unser Gestaltungs- und Verantwortungsspielraum groß genug ist.

Motivator	Rang gesamt	Sehr wichtig %	Rang Chefs	Rang MA
Zufriedenheit (Arbeitsfortschritte)	1	62	2	1
Arbeitsklima, gute Stimmung	2	53	4	2
Eigenverantwortung, Freiräume	3	53	1	4
Gesicherter Arbeitsplatz	4	40	8	3
Arbeit passt zu eigenen Lebenszielen	5	39	5	5
Herausforderung der Tätigkeit	6	37	3	6
Sinn der Aufgabe	7	31	6	7
Kann eigene Erfahrungen einsetzen	8	24	9	10
Rückmeldung des Chefs	9	22	11	8
Die Aufgabe/das Ziel selbst	10	22	7	14

Abb. 1: Motivatoren bei Führungskräften und Mitarbeitern; Quelle: Dr. Wafi Al-Baghdadi lt. www.umfrage-motivatoren.de

Eine der größten internationalen Motivationsstudien jüngeren Datums bestätigt dies: Die Antworten von 32.000 Arbeitnehmern aus 30 Ländern zeigen, dass die dem Mitarbeiter innewohnende Zufriedenheit am Arbeitsplatz mit seiner Leistungsfähigkeit korreliert.[1] Auch von der wissenschaftlichen Motivationsforschung und ihrem Wegbereiter, dem US-Psychologieprofessor Frederick Herzberg, wissen wir: Wenn man einen Hund tritt, dann bewegt er sich. Und wenn er sich noch einmal bewegen soll, muss man nochmals treten. Das nennt man Dressur. Ebenso kann ein Chef die Batterien eines Mitarbeiters laden und wieder und wieder aufladen, z. B. mit einer Gehaltserhöhung. Aber erst, wenn jemand einen eigenen Generator hat, also einen ihm selbst innewohnenden (intrinsischen) Leistungswillen, spricht Herzberg von echter Motivation.[2] Heißt konkret für den Alltag in Unternehmen: Intrinsische Motivatoren (Menschen haben Freude bei der Arbeit, empfinden ihre Tätigkeit als sinnvoll, sind stolz auf ihr Ergebnis und ihren Beitrag usw.) sind wesentlich machtvoller als extrinsische Hygienefaktoren (Vergütung, Statussymbole usw.). Vor allem Geld ist für die langfristige Motivation ungeeignet: Nur 23 Prozent von 18.000 in Deutschland befragten Arbeitnehmern sagen, eine Gehaltserhöhung sporne sie an.[3] Für junge Frauen liegt das Gehalt auf einer Liste von fünf möglichen Motivatoren auf dem vierten Platz.[4] Einer der führenden deutschen Hirnforscher, Prof. Gerald Hüther, bringt es auf den Punkt: „Belohnen und Bestrafen ist gleichermaßen Dressur und damit motivationstechnisch Schnee von gestern.“ [5]

In jüngster Zeit – nach Jahren der Beschleunigung, Arbeitsverdichtung und Wettbewerbsverschärfung – kommen zu den klassischen Motivatoren Antreiber hinzu, die das Bedürfnis vieler Menschen nach einem gesunden Arbeitsplatz deutlich machen. Vor allem drei von Unternehmen intensiv umworbenen Gruppen machen in empirischen Untersuchungen ihre Prioritäten deutlich:

- Junge: Für die „Millennials“ oder „Generation Y“, also die zwischen 1977 und 1997 Geborenen, wird die klassische Führungslaufbahn mit all ihren Opfern offenbar zunehmend unattraktiv. Studierende beispielsweise wollen bei der Wahl ihres zukünftigen Arbeitgebers stärker auf die Wohlfühlfaktoren achten als auf Karrieremöglichkeiten. Die Umfrage "Studentenmatrix 2012" zeigt, dass 87 Prozent eine gute Life Balance und nur 37 Prozent die Aussicht auf eine Führungsposition wichtig ist.[6] Zwei Drittel der MBA-Studenten wünschen sich das Fach „Life Balance“ auf dem Lehrplan ihrer Management- und Führungsausbildung.[7] Sogar in der traditionell als besonders karriereorientiert geltenden Berufsgruppe der Jungjuristen sind 80 Prozent zu Einbußen beim Gehalt bereit, wenn sie dafür ein stressfreieres Arbeitsumfeld bekämen.[8] 42 Prozent der Jura-Studierenden klopfen ihren künftigen Arbeitgeber darauf ab, wie gut die Chancen für Life Balance sind.[9]

  Bei Managern sind diese Botschaften angekommen: Eine Umfrage des deutschen Führungskräfteverbandes (ULA) zeigt, dass 80 Prozent der aktuellen Manager bei den jungen Berufseinsteigern eine starke Neigung zu echter Life Balance sehen und zwei Drittel der Vorgesetzten erst gar nicht erwarten, dass die „Gen Y“ berufliche Ziele über private Belange stellt. Aber auch die gestandenen Führungskräfte selbst denken um: Zwei Drittel geben an, dass in den vergangenen Jahren ihr Wille gewachsen sei, sich mehr um sich selbst und die Familie zu kümmern. Bei 59 Prozent ist der Wunsch nach einem hierarchischen Aufstieg schwächer geworden.[10] Andere Studien belegen, dass Nachwuchskräfte von ihrem Arbeitgeber einen offenen Kommunikationsstil mit Verzicht auf Macht- und Egospielchen, glaubwürdige gesellschaftliche Verantwortung,

Raum für hochgradige Individualität sowie Flexibilität für verschiedene Lebensmodelle inklusive Elternschaft erwarten.[11] 53 Prozent der Wirtschaftswissenschaft-Absolventen geben an, die Vereinbarkeit von Beruf und Privatleben sei mitentscheidend für die Wahl des Arbeitgebers.[12]

- Frauen: Allein mit der Aktivierung der bisher nicht oder nicht voll berufstätigen Frauen könnten deutsche Unternehmen ein Drittel der bis 2025 prognostizierten Arbeitskräftelücke schließen.[13] Allerdings fordert die überwältigende Mehrheit von 94 Prozent der Frauen mehr flexiblere Arbeitszeitmodelle zur stressfreieren Vereinbarkeit von Beruf und Familie.[14] Studentinnen – also die angesichts sich ausbreitender Frauenquoten umworbenen Fach- und Führungskräfte von morgen – legen bei der Arbeitgeberwahl mehr Wert auf Life Balance als auf Status und Einkommen.[15]

- Ältere: Die immer stärker wachsende Gruppe älterer Mitarbeiter („50 plus", „Best Ager", „Silver Ager") hat ein ganz eigenes Motivationsprofil, etwa Reduzierung von Arbeitsverdichtung, Arbeitstempo, Arbeitszeit und ggf. auch körperlicher Belastung. Ältere fühlen sich außerdem nach Jahren des Jugendwahns immer noch gering geschätzt und wünschen sich mehr Respekt.[16] Personalmanager geben denn auch zu, dass die Bindung und bedürfnisgerechte Führung älterer Beschäftigter zwar von erheblicher Bedeutung ist, sie selbst aber erst ganz geringe Fähigkeiten darin entwickelt haben.[17]

Gute Mitarbeiter- und Unternehmensführung ist also für immer mehr Menschen gleichzusetzen mit gesunder Mitarbeiter- und Unternehmensführung, wobei Gesundheit hier in einem sehr breiten Sinne verstanden wird. Gesunde Führung ist viel mehr als das Aufstellen ergonomischer Bürostühle oder eine Salatbar in der Firmenkantine. Gesunde Führung tangiert alle Bereiche unternehmerischen Handelns, geht es doch laut Arbeitsschutzgesetz (ArbSchG) um nichts weniger als die umfassende „Verhütung von … arbeitsbedingten Gesundheitsgefahren einschließlich Maßnahmen der menschengerechten Gestaltung der Arbeit".[18] Die Weltgesundheitsorganisation (WHO) sagte bereits in ihrer Ottawa-Charta von 1986, dass zu einer ganzheitlichen Definition von Gesundheit auch die Qualität des Arbeitslebens gehört: „Die sich verändernden Lebens-, Arbeits- und Freizeitbedingungen haben entscheidenden Einfluss auf die Gesundheit. Die Art und Weise, wie eine Gesellschaft die Arbeit, die Arbeitsbedingungen und die Freizeit organisiert, sollte eine Quelle der Gesundheit und nicht der Krankheit sein. Gesundheitsförderung schafft sichere, anregende, befriedigende und angenehme Arbeits- und Lebensbedingungen." [19] Auch die Europäische Union legt die Latte für Unternehmen, die gesund führen wollen, hoch, nimmt aber auch die einzelne Führungskraft sowie die Mitarbeiter in die Pflicht: Laut der Luxemburger Deklaration umfasst betriebliche Gesundheitsförderung „alle gemeinsamen Maßnahmen von Arbeitgebern, Arbeitnehmern und Gesellschaft zur Verbesserung von Gesundheit und Wohlbefinden am Arbeitsplatz … durch … Verbesserung der Arbeitsorganisation und der Arbeitsbedingungen [und] … Stärkung persönlicher Kompetenzen."[20] Ersteres fasst man unter dem Begriff „Verhältnisse" (am Arbeitsplatz) zusammen, letzteres wird als „Verhalten" (von Mitarbeitern und Führungskräften) bezeichnet.

Checkliste für Führungskräfte und Personalmanager

- ✓ Kennen Sie das Niveau von Zufriedenheit und Motivation Ihrer Mitarbeiter?
- ✓ Wann haben Sie zum letzten Mal eine Mitarbeiterbefragung durchgeführt?
- ✓ Wie wurden die Ergebnisse berücksichtigt?
- ✓ Haben Sie eine Strategie für Gewinnung, Bindung und Entwicklung der Leistungsträger von morgen (Young Professionals, Nachwuchsführungskräfte)?
- ✓ Nutzen Sie schon konsequent genug die Potenziale weiblicher Beschäftigter bzw. was tun Sie für Ihre Attraktivität als Arbeitgeber für Frauen?
- ✓ Kennen Sie die Altersstruktur Ihrer Belegschaft? Wie wird diese in fünf, in zehn, in 20 Jahren aussehen? Was tun Sie für Ihre Attraktivität als Arbeitgeber für Beschäftigte im letzten Berufsdrittel?

1.2 Unser Land braucht starke Menschen

Gesunde Führung - die Beschäftigten verlangen sie, Politiker postulieren sie, Wissenschaftler belegen ihre Wirkung. Und doch braucht es am Ende wieder nackte, harte Zahlen, damit Unternehmen in Deutschland ernsthaft und über Sonntagsreden hinaus gesunde Führung auf die Tagesordnung setzen. Manager und Unternehmer schauen derzeit wohl deshalb verstärkt auf die Gesundheit ihrer Mitarbeiter, weil das „Humankapital" ein knappes Gut zu werden droht:

- Wir werden weniger: Seit 2005 schrumpft die Bevölkerung – mit wachsendem Tempo. 2020 werden zwei Millionen Menschen weniger in Deutschland leben als 2000.[21]

- Wir werden älter: 2020 werden 30,5 Prozent der Bundesbürger über 60 Jahre alt sein (2000: 23,6). Nur noch 52,4 Prozent sind dann zwischen 20 und 60 Jahre alt, also im erwerbsfähigen Kernalter (2000: 55,3).[22] In einigen Branchen wird der Zuwachs an Mitarbeitern zwischen 50 und 64 Jahren bis 2020 besonders hoch sein: 93 Prozent beträgt das Plus im Baugewerbe, 89 Prozent in der Energiebranche, 85 Prozent im Produzierenden Gewerbe, 76 Prozent im Handel, 74 Prozent im Gesundheitswesen.[23]

- Immer weniger arbeiten: Auch wenn nach aktuellen Zahlen die Erwerbsquote von Älteren sich in den letzten 20 Jahren auf nunmehr fast 45 Prozent verdoppelt hat[24], hat Deutschland aufgrund des demografischen Wandels 2025 bei in etwa gleichem Bedarf 6,5 Millionen weniger Arbeitskräfte zur Verfügung.[25] In den nächsten zehn Jahren werden rund elf Prozent aller Beschäftigten in den Ruhestand gehen.[26]

- Wir werden dümmer: Beim lebenslangen Lernen landet Deutschland im Vergleich der 27 EU-Staaten vor allem wegen Schwächen bei der formalen Bildung nur im Mittelfeld.[27]

- Wir verschwenden Kapazitäten: Noch immer geht jeder vierte Beschäftigte krankheitsbedingt in den vorzeitigen Ruhestand[28], und zwei Millionen Frauen konnten als Beschäftigungsreserve

bisher noch nicht dazu bewegt werden, sich dem Arbeitsmarkt wieder stärker zur Verfügung zu stellen[29].

Die Folge: Drei von vier Unternehmen haben Probleme, offene Stellen mit qualifizierten Leuten zu besetzen.[30] Vor allem junge Leistungs- und Potenzialträger werden rein zahlenmäßig seltener, und die Klagen über die Bildungs- und Soft-Skill-Defizite des Nachwuchses sind Legion. In vielen Firmen misslingt scheinbar auch der Aufbau von (Führungs-)Nachwuchs aus dem eigenen Hause, sodass schon vor Engpässen bei der Besetzung von Managementpositionen in den nächsten Jahren gewarnt wird.[31] Besonders hart treffen diese Trends Unternehmen, die ihre Geschäfte nicht so ohne weiteres ins Ausland verlagern können. Bankberater, die „Lieschen Müller" die Riester-Rente erklären und verkaufen sollen, können eben nicht aus dem aufstrebenden und immer besser gebildeten asiatischen oder südamerikanischen Personalpool gefischt werden. Das trifft auch auf andere Branchen zu, die als „people's business" gelten. Außerdem gilt Deutschland bei Hochqualifizierten aus dem Ausland immer noch als unattraktiv; Einwanderung dürfte also auf Sicht nicht die Lösung des Fachkräftemangels bringen.

Auf einen Blick

Alle gesellschaftlichen Kräfte müssen dafür sorgen, dass die schrumpfende Erwerbsbevölkerung gesund und motiviert bleibt und dass vorhandene Arbeitskraftreserven ausgeschöpft werden. Entsprechend wurde schon vor geraumer Zeit der sechste Kondratieff-Zyklus ausgerufen und mit dem Titel „ganzheitliche Gesundheit" versehen. Als Kondratieff-Zyklus bezeichnet man lange Wellen der Konjunktur von 40 bis 60 Jahren, die stets von Basisinnovationen oder besonderen gesellschaftlichen Herausforderungen geprägt sind und große Fortschritts- und Produktivitätssprünge verheißen. Der sechste Kondratieff plädiert für eine verbesserte Produktivität im Umgang mit Gesundheit und Krankheit. Die größten Produktivitätsreserven schlummern demnach in einer Verbesserung der psychosozialen Gesundheit der Menschheit – u.a. durch gesunde Arbeits- und Führungsbedingungen.[32] Ein Blick auf die Realität in Deutschland zeigt jedoch: Hier ist noch viel zu tun.

2. Die Wirklichkeit: Menschen und Unternehmen brennen

In diesem Kapitel erfahren Sie, dass

- immer mehr Menschen an chronischem Stress bis hin zum schweren Erschöpfungssyndrom Burnout leiden (individueller Burnout).
- auch ein Unternehmen einen Burnout bekommen kann – und viele Firmen auf dem Weg dorthin sind (Organisations-Burnout).

2.1 Der individuelle Burnout

Deutschland – Republik der Glückspilze: Reichste und stabilste Nation Europas, höchste Erwerbsquote seit vielen Jahren. Deutschland – Republik der Sorgenkinder: Die Mehrheit fühlt im Alltag Druck und Hetze. Erschöpfung und Burnout verbreiten sich lawinenartig; nur eine Minderheit der Beschäftigten geht gerne und hoch motiviert zur Arbeit. Welche Sicht auf die Dinge trifft nun zu? Macht unsere moderne Arbeitswelt die Beschäftigten krank? In Gänze oder nur in bestimmten Branchen wie Pflege, Callcenter oder bei der Polizei? Oder sind Stress und seine bedrohliche Steigerung ins Burnout-Syndrom ein von den Massenmedien und prominenten Einzelfällen aufgeblähtes Modethema? Eines steht außer Zweifel: Angesichts der Ausmaße des „Phänomens Stress" und seines finanziellen Risikopotenzials reden wir hier von einer der größten Herausforderungen für die Unternehmens- und Mitarbeiterführung des 21. Jahrhunderts.

2.1.1 Gestresst ist, wer sich gestresst fühlt

Eine allgemeingültige Definition von Stress – also den Stress – gibt es nicht. Stress ist ein subjektives Belastungsempfinden. Und das ist bei immer mehr Menschen phasenweise oder chronisch hoch:

- Drei Viertel der Arbeitnehmer in Deutschland sind mit der Berufswelt unzufrieden und geben neben der Bezahlung hauptsächlich Gründe wie „Leistungsdruck" und „Überforderung" an.[33]

- Die Mehrheit der arbeitenden Bevölkerung schafft es nicht oder nur sehr schlecht, Arbeit und Familienleben zu vereinbaren. 57 Prozent klagen über eine zu hohe Belastung im Beruf, 58 Prozent über stressbedingte gesundheitliche Beschwerden. Am meisten unter Druck stehen berufstätige Frauen, die zusätzlich noch überwiegend alleine die Familie versorgen. Die Mehrzahl der Unternehmen weiß um diese Problematik: 69 Prozent schätzen die Belastungssituation ihrer Mitarbeiter als kritisch ein.[34]

- 52 Prozent der Beschäftigten müssen nach eigenen Angaben sehr häufig oder oft gehetzt arbeiten. 63 Prozent geben an, dass sie seit Jahren immer mehr in der gleichen Zeit leisten müssen. Gut ein Viertel der Berufstätigen muss sehr häufig oder oft auch in der Freizeit für den Arbeitgeber erreichbar sein. 15 Prozent arbeiten bei Bedarf sogar unbezahlt in der Freizeit. Und fast jeder Zweite gibt an, mindestens zweimal im Jahr zur Arbeit zu gehen, obwohl man sich „richtig krank“ fühle.[35]

- Die Altersgruppen im aktiven Erwerbsleben haben ein überdurchschnittliches Stressempfinden, wobei die 30- bis 39-Jährigen am meisten klagen. So ist denn auch der Beruf mit weitem Abstand der bedrückendste Stressfaktor bei den meisten Menschen – gefolgt von Geldsorgen. Aktuell sind beispielsweise rund 40 Prozent der Erwerbstätigen Wochenendpendler, fahren mindestens eine Stunde zur Arbeit oder haben ihren Wohnort aufgrund beruflicher Anforderungen gewechselt. Diese Mobilität erhöht messbar das Stressempfinden.[36] Aber auch mangelnde Anerkennung für seine Tätigkeit kann stressen: Hausfrauen/Hausmänner fühlen sich belasteter als beispielsweise Führungskräfte.[37] Und Mütter, die den Eindruck haben, wegen des Kindes im Beruf zurückstecken zu müssen, sind anfälliger für seelische Krankheiten als Mütter, die eine gute Work-Life-Balance erreichen.[38]

- Starker Stress gilt als Mitverursacher psychischer Leiden wie Depression und Burnout. Während der gesamte Krankenstand in Deutschland auf dem tiefsten Stand seit Jahren liegt, nehmen seelische Störungen so stark zu wie noch nie. Sie sind inzwischen für zwölf Prozent der gesamten Fehltage verantwortlich und spielen damit eine doppelt so große Rolle wie Ende der 90-er Jahre.[39] Die Krankentage wegen Burnout haben sich binnen sieben Jahren bis 2012 um nahezu das 20-fache erhöht.[40] Zieht man ins Kalkül, dass die häufigste Krankschreibungs-Ursache (Erkrankung des Muskel-Skelett-Systems) sehr häufig psychische bzw. psychosomatische Mitursachen hat, wird das ganze Ausmaß psychischer Störungen noch deutlicher.

- Berufstätige in bestimmten Branchen sind einem besonders hohen Risiko ausgesetzt, eine psychische Störung zu erleiden: Menschen in heilenden und helfenden Berufen weisen überdurchschnittlich viele Krankheitstage auf, viele davon mit psychischen oder psychosomatischen Ursachen.[41] Callcenter gelten als Brutstätten von chronischer Überlastung, weil dort räumliche Enge, Zeitdruck und permanenter Freundlichkeitszwang an den Kräften zehren. Experten zählen bis zu 50 arbeitsplatztypische Stressfaktoren bei Callcenter-Mitarbeitern.[42] Psychische Störungen bilden in der Berufsgruppe der Lehrerinnen und Lehrer den Hauptgrund für ein vorzeitiges Ausscheiden aus dem Erwerbsleben.[43] Der Berufsalltag von Polizisten bringt eine hohe Stressbelastung mit sich (Schichtdienst, Bereitschaft); außerdem haben Polizisten ein höheres Risiko der Traumatisierung.[44] Neuere Untersuchungen zeigen, dass administrativen Belastungsfaktoren wie z. B. der Führung eine zunehmende Rolle beim Stressanstieg von Polizisten zukommt.[45] Bankmitarbeiter stehen wegen ambitionierter Vertriebsziele und dem Imageschaden für die Berufssparte im Zuge der Finanzkrise unter erhöhtem Stress. Sie melden sich in 12,4 Prozent aller Fälle aus psychischen Gründen krank – 50 Prozent häufiger als in den 90-er Jahren.[46] Nach einer Studie der Technischen Universität Dortmund tritt seelische Überlastung auch in der IT-Branche häufig auf – besonders bei Selbstständigen und freien Projektmitarbeitern (Freelancern). Auch wenn die offiziellen Krankschreibungen in dieser Beschäftigtengruppe gering sind, klagt die Hälfte der Studienteilnehmer über regelmäßige psychische Belastungen.[47]

Ob das aktuell hohe Stressniveau und die psychische Belastung großer Bevölkerungsteile nun also real oder gefühlt sind, ob sie auf Fakten oder einer von den Massenmedien geschürten Stimmung bzw. einer großzügigeren Diagnose- und Krankschreibepraxis von Ärzten beruhen, ist zweitrangig. Das Risikopotenzial für Unternehmen bleibt in beiden Fällen gleich: Gestresste und/oder psychisch angeschlagene Mitarbeiter zeigen tendenziell

- sinkende Arbeitsleistung
- höhere Fehlerquoten
- schlechteren Kundenservice
- geringere Motivation
- mangelnde Begeisterung für Neues
- weniger Stehvermögen und Veränderungsbereitschaft[48]
- häufigere Konflikte
- innere Kündigung u. v. m.

Grund genug für Personalmanager und Führungskräfte, genauer auf die Ursachen von Stress zu schauen. Daraus lassen sich viele Ansatzpunkte für gesunde Führung ableiten.

Checkliste für Führungskräfte und Personalmanager

- ✓ Werten Sie systematisch Krankenstand und Muster von Krankmeldungen in Ihrem Unternehmen aus? Mit welchen Konsequenzen?
- ✓ Haben Sie ein Betriebliches Gesundheitsmanagement (BGM)?
- ✓ Kennen Sie die Stressbelastung Ihrer Mitarbeiter, z. B. durch regelmäßige Mitarbeiterbefragungen?
- ✓ Bieten Sie Ihren Mitarbeitern Infoveranstaltungen und Kurse für ihr persönliches Stressmanagement?
- ✓ Kennen Sie die arbeitsplatzbedingten Stressfaktoren Ihrer Mitarbeiter? Wie managen/ minimieren Sie diese?
- ✓ Haben Ihre Mitarbeiter branchen- und tätigkeitsbedingte besondere Belastungen? Wie managen/minimieren Sie diese?

2.1.2 Das Vulnerabilitäts-Stress-Modell und die Resilienz

Stress erklärt sich nicht nach einem einfachen Kausalitätsmodell im Stile von „wenn – dann". Es gibt erwiesene Förderer von Stress, die beim Menschen bestimmte Symptome zur Folge haben können – aber eben nicht müssen. Manch einer schwankt beim lauesten Lüftchen, während ein anderer bei Orkan noch aufrecht steht. Diese Unterschiede ergeben sich aus der individuellen Kombination aus den Faktoren 1.) Vulnerabilität – 2.) Stress – 3.) Resilienz.

Jeder Mensch hat eine mehr oder minder ausgeprägte Vorbelastung (Vulnerabilität, dt.: Verletzlichkeit) und damit ein mehr oder minder ausgeprägtes Risiko, an einer mit Stress in Verbindung gebrachten Störung zu erkranken. Dazu gehören:

- genetische Ausstattung
- Schwächung durch körperliche bzw. seelische Krankheiten
- Ungleichgewichte in Hormonhaushalt oder (Hirn-)Stoffwechsel
- die eigene Biografie (Elternhaus, Erziehungsstil, frühere Traumatisierungen)
- Modell-Lernen
  (Vorbilder und Bezugspersonen hektisch, arbeitsam, selbstausbeutend oder strafend)
- Persönlichkeitsmuster (z. B. geringe Frustrationstoleranz, niedriger Selbstwert, Perfektionismus, Helfersyndrom, Harmoniestreben)

Die Gegenkraft zu der jedem Menschen in individueller Ausprägung mitgegebenen Vulnerabilität ist die Resilienz. Darunter versteht man eine – hauptsächlich psychische – Widerstandskraft und Robustheit. Sie befähigt den Menschen,

- sich selbst zu führen und zu motivieren (Selbstmächtigkeit und Selbstmanagement)
- Rückschläge in persönliches Wachstum umzumünzen (Frustrationstoleranz, Selbstmotivation, Lernfähigkeit)
- Belastungen auszuhalten bzw. sich zu entziehen (Stehvermögen, Abgrenzung, Selbstsorge)

Resilienz erwächst, wenn in der Kindheit stabile und liebevolle Beziehungen zu Eltern oder anderen engen Bezugspersonen bestanden. Sie korreliert außerdem mit dem Finanz- und Bildungsniveau des Elternhauses sowie dem Intelligenzquotienten. Auch eine starke Werte- bzw. religiöse Orientierung sowie Gruppenzugehörigkeit (z. B. Verein, Gemeinde) sind förderlich.

Wenn ein Mensch mit hoher Vulnerabilität und/oder geringer Resilienz nun mit einer akuten oder dauerhaft belastenden Situation in Berufs- oder Privatleben konfrontiert wird, kann der (subjektiv empfundene und/oder objektiv vorhandene) Druck so stark werden, dass die Person sich als gestresst bezeichnet und gegebenenfalls körperliche und seelische Krankheitssymptome wie Schlafstörungen, Nervosität, Depression, Ängste, vegetative Erschöpfung, Verdauungsbeschwerden, Schmerzen, Rückenleiden, Herz-Kreislaufprobleme u. v. m. entwickelt.

Vulnerabilität
- Genetische Vererbung
- Körper geschwächt
- Hormon-/Stoffwechselstörung
- Elternhaus, Erziehung
- Traumatisierung
- Modell-Lernen
- Persönlichkeitsmuster

STRESS

Belastung privat
- Todesfall, Krankheit
- Geldsorgen
- Anstrengende Phasen, z. B. Hausbau
- Familienkrisen
- Pflege alter Eltern
- (Re-)Traumatisierung, z. B. Überfall

Belastung Beruf
- Mobbing
- Wenig Motivation, Anerkennung
- Über-/Unterforderung
- Angst vor Jobverlust
- Fusion, Restrukturierung
- Schicht-/Springerdienste
- Starre/familienfeindliche Arbeitszeiten
- Gratifikationskrise
- Sinnkrise, Loyalitätsverlust

Abb. 2: Innerpsychische, private und berufliche Einflussfaktoren auf das Stressniveau und -empfinden

2.2 Der Organisations-Burnout

Niedrige Resilienz und zu viel Stress können nicht nur einen Menschen krank machen. Auch ganze Unternehmen können Formschwäche bekommen und in eine „ausgebrannte“ Situation geraten. Die ist gekennzeichnet von

- dauerhafter Überlastung der Mitarbeiter
- hohem Krankenstand
- einem zynischen Kommunikationsstil
- Begeisterungslosigkeit und Pessimismus
- Fluktuation
- Der Häufung von Mobbingfällen
- Fehlern, Pannen und Kundenbeschwerden/-verlusten
- einer schlechten Qualität der Führung
- dem Fehlen einer klaren Strategie und Ausrichtung
- einer Kultur, in der Veränderung und schnelle Richtungswechsel der Normalzustand sind.[49]

Dabei schreibt die Wissenschaft den Unternehmen zum Thema gesunde Führung genau das Gegenteil ins Stammbuch. Ein zentrales Konzept hierbei ist die Salutogenese.

2.2.1 Das Salutogenese-Konzept

Das o. g. Vulnerabilitäts-Stress-Modell betrachtet schwerpunktmäßig die Stress-Risikoneigung des Einzelnen. Das Salutogenese-Konzept (lat.: salus für Gesundheit, genese für Entstehung) fragt indes: Welche Rahmenbedingungen müssen herrschen, damit Menschen gesund bleiben und erst gar nicht an Stress und anderen Belastungen leiden. Der israelisch-amerikanische Medizinsoziologe Aaron Antonovsky setzte damit einen Kontrapunkt zur Schulmedizin, die mit ihrem überwiegend pathogenen (lat.: pathos für Leiden, genese für Entstehung) Ansatz erst auf den Plan tritt, wenn die Krankheit da, das Kind also in den Brunnen gefallen ist.[50] Für Personalmanager und Vorgesetzte bietet das Salutogenese-Konzept wichtige Ansätze für (präventive) gesunde Führung, die nicht nur menschlich verantwortungsvoller, sondern auch kaufmännisch attraktiver ist als reaktiv-reparierende Schadensbewältigung.

Zusammengefasst zeichnen sich salutogene, also die Gesundheit fördernde Bedingungen im Unternehmen durch drei Faktoren aus: Der Mensch kann darauf vertrauen (= ein Kohärenzgefühl haben), dass

- seine Welt (Arbeitsplatz, Unternehmen, Märkte) verstehbar, erklärbar und (ausreichend) vorhersehbar ist (= Verstehbarkeit)
- ihm die Ressourcen zur Verfügung stehen, um die Anforderungen seines Arbeitsplatzes zu meistern (= Handhabbarkeit)
- seine Aufgaben, Tätigkeiten und Projekte Anstrengung und Engagement auch wert sind (= Sinnhaftigkeit, Motivation)

Wissenschaftliche Untersuchungen und Umfragen deuten allerdings auf eine alles andere als salutogene, gesundheitsfördernde Kultur in vielen Unternehmen hin:

- Verstehen immer schwieriger: Fast jedes Unternehmen führt mindestens einmal im Jahr ein Veränderungsprojekt durch. Am häufigsten sind Restrukturierungen, gefolgt von Fusionen und Übernahmen, Standortverlagerungen, Portfolio-Bereinigungen, Anpassung der Marktstrategien oder Kapitalmarkttransaktionen. Dabei geben 49 Prozent der von der Universität Hohenheim befragten Unternehmen zu, dass sie die Kommunikation des Wandels ganz ohne Strategie angehen oder die Strategie diffus ist. 43 Prozent der Firmen erkennt, dass sie sich in Phasen des Wandels zu wenig an den emotionalen Bedürfnissen ihrer Mitarbeiter orientieren. Und in 14 Prozent aller Change-Projekte ist das kommunikative Versagen der Manager letztlich Ursache für das Scheitern des Vorhabens.[51] Folge: Bei den Mitarbeitern hat sich eher ein negatives Bild von betrieblichen Veränderungsprozessen festgesetzt. Ganz anders die Wahrnehmung der Chefetage: Zwei Drittel der Vorgesetzten sind überzeugt, in herausfordernden Unternehmenssituationen gut zu kommunizieren. Das sehen aber nur 37 Prozent der Mitarbeiter genauso.[52]

- Handhabbarkeit immer geringer: In Gesprächen mit Beschäftigten und Führungskräften hört man immer häufiger Klagen über ein Auseinanderklaffen von Anforderungen/Zielen auf der einen und Ressourcen auf der anderen Seite. Da werden Stellen nicht neu besetzt, bestehende Teams müssen Mehrarbeit einfach mit erledigen, Lücken durch kranke oder in Elternzeit befindliche Kollegen werden nicht mehr durch Zeitarbeiter oder Interimskräfte überbrückt, es werden jährlich pauschal die Leistungsziele um mehrere Prozent erhöht usw. Der Fachbegriff hierfür ist Arbeitsverdichtung. Hinzu kommen erodierende Grenzen zwischen Arbeitszeit und Privatzeit – moderne Kommunikationsmittel ermöglichen und viele Chefs verlangen (und leben vor) ein „always on", also die Erreichbarkeit für betriebliche Belange auch abends und am Wochenende sowie im Urlaub.

- Sinn und Motivation lassen zu wünschen übrig: Nur 14 Prozent der Deutschen weisen eine hohe emotionale Bindung an ihren Arbeitgeber auf und sind motiviert, jeden Tag Spitzenleistung zu erbringen. Das ist ein historischer Tiefstand. Rund 63 Prozent fühlen sich hingegen nur wenig an ihr Unternehmen gebunden, machen Dienst nach Vorschrift und zählen die Stunden bis zu Feierabend und Urlaub. Fast jeder Vierte (23 Prozent) hat sogar schon innerlich gekündigt.[53]

In Summe verzeichnen Forscher seit Jahren eine sinkende Arbeitszufriedenheit in Deutschland: Auf einer Skala von 0 (ganz und gar unzufrieden) und 10 (ganz und gar zufrieden) lag der Mittelwert 1984 bei gut 7,6 und heute bei 6,8. Wesentliche Unterschiede nach Alter der Beschäftigten, Betriebsgröße oder Wohnort gibt es nicht. Damit liegt Deutschland unter dem europäischen Zufriedenheitsdurchschnitt, der beim Spitzenreiter Dänemark 7,8 und beim Schlusslicht Russland 6,1 beträgt.[54]

Auf einen Blick

Viele Menschen und auch viele Unternehmen in Deutschland sind im Stress, davon steuern einige auf einen gefährlichen Zustand des Burnouts zu. Das Stressniveau wird von zwei Seiten beeinflusst – der individuellen Vulnerabilität bzw. Resilienz und den externen Belastungen privater und beruflicher Natur. Personalmanager und Vorgesetzte können im Rahmen betrieblicher Präventionsmaßnahmen auf die Umfeldbedingungen am Arbeitsplatz („Verhältnisse") Einfluss nehmen. Das Salutogenese-Konzept empfiehlt Verlässlichkeit, Handhabbarkeit und Sinnhaftigkeit als prägende Faktoren einer gesunden Führung. Es gibt viele Hinweise darauf, dass Unternehmen hierbei noch großen Nachholbedarf haben.

3. Die Lösung: Gesunde Führung

In diesem Kapitel erfahren Sie, dass

- viele Ansätze zur Salutogenese in Unternehmen zu einseitig sind oder Lücken aufweisen und deshalb von einem umfassenden „Masterplan gesunde Führung“ abgelöst werden müssen.
- Chefs im Rahmen eines Gesamtkonzeptes der gesunden Mitarbeiterführung sehr viele Ansatzpunkte haben, um ohne Mehrkosten ihre Teams zu nachhaltiger Leistung anzuspornen.
- eine salutogene, gesundheitsfördernde Unternehmensführung auf Sinn, Werten, Verantwortung, Transparenz und Solidarität basiert.
- ein in seiner Selbstführung vorbildhaft agierender Vorgesetzter sich selbst gesund und leistungsfähig erhält und zudem Gesundheit und Motivation der Mitarbeiter fördert.

Fast jedes Unternehmen ab einer bestimmten Größe behauptet heute von sich, sich mit gesunder Selbst-, Mitarbeiter- und Unternehmensführung zu beschäftigen. Die darunter gefassten Maßnahmen lassen sich in zwei Kategorien einteilen:

- Maßnahmen zur Verbesserung des Verhaltens des Individuums: Dazu gehören beispielsweise Kurse und betriebliche Unterstützungsangebote für Selbst- und Zeitmanagement, Stressbewältigung, Entspannung, Bewegung, gesunde Ernährung, Rauchentwöhnung, Kommunikation und Konfliktmanagement, Bewältigung außerbetrieblicher Stressfaktoren (Pflege, Erziehung, private Finanzen) u. v. m.

- Maßnahmen zur Verbesserung der Verhältnisse am Arbeitsplatz: Dazu gehören Konzepte, Programme und Kodizes zur Führungs- und Kommunikationskultur, Unternehmensleitbild und -ethik, Corporate Social Responsibility (CSR), Life Balance, Familienfreundlichkeit u. v. m.

Abb. 3: Verhaltens- und Verhältnisverbesserung als Säulen der gesunden Führung

Auf den ersten Blick wirkt dieser Zwei-Säulen-Ansatz stimmig und ausgewogen. Die Realität in vielen Unternehmen ist jedoch eine andere und offenbart zwei grundlegende Missverständnisse:

Erstes Missverständnis: Menschen sollen sich ändern, dann ändern sich auch Unternehmen. So gehören beispielsweise Stress- und Entspannungskurse zu den häufigsten Instrumenten eines Salutogenese-Ansatzes. Sie zielen auf eine Optimierung des individuellen Verhaltens in Druck- und Veränderungssituationen. Wenn aber gleichzeitig nichts gegen stressende Verhältnisse (z. B. Arbeitsverdichtung, ständige Strategiewechsel und unzureichende Führung) getan wird, werden Gesundheit und Motivation der Beschäftigten nicht nachhaltig profitieren. Wie eine Umfrage unter Personalmanagern ergab, verfügen 37 Prozent der Unternehmen zwar über Angebote für ihre Mitarbeiter zur Selbsthilfe, nur sechs Prozent packen bisher aber die Modifikation struktureller Rahmenbedingungen an.[55] Ein solches „Salutogenese-Haus“ bekommt Schieflage, die sich im wahren Leben in Form von hohen Krankenständen, Fluktuation, Verlust von Leistungsträgern, niedrigem Motivationsniveau, geringer Arbeitgeberattraktivität u. v. m. zeigt.

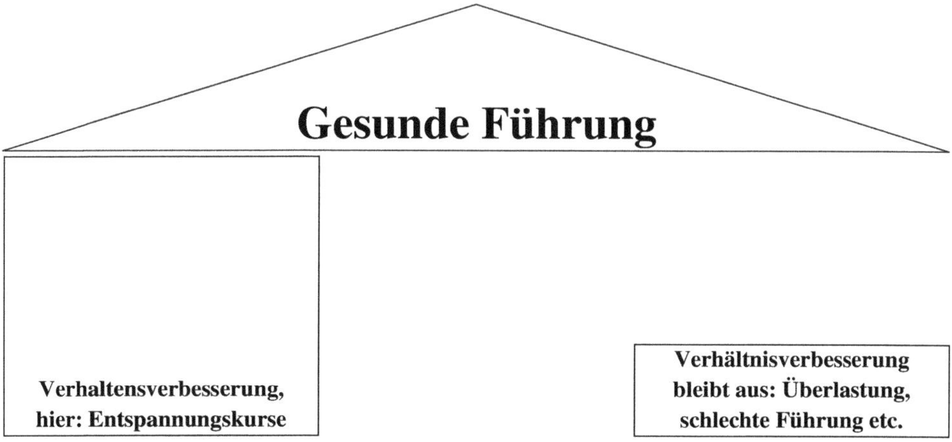

Abb. 4: Konzepte zur gesunden Führung dürfen nicht einseitig auf Verhaltensverbesserung fokussieren.

Zweites Missverständnis: Programme, Leitbilder, Kodizes und Zertifizierungen werden die Menschen schon automatisch verändern. Die meisten Unternehmen haben niedergeschriebene Führungs- und Ethikleitlinien, schicken ihre Führungskräfte in Kommunikationsseminare und positionieren sich nach außen als verantwortungsvoller Unternehmensbürger (Good Corporate Citizen). Wenn all diese hochgesteckten Ziele aber im Alltag von den Führenden im Unternehmen nicht vorbildhaft vorgelebt werden, wenn Verstöße gegen Prinzipien und Leitlinien nicht geahndet werden, dann verpufft die Wirkung solcher vermeintlicher Verhältnisverbesserungen. In einer Umfrage bestätigten 37 Prozent der mittleren Manager, dass in ihren Unternehmen ein Verhalten, das nicht den Unternehmenswerten entspricht, ohne Konsequenzen bleibe.[56] Beispiel: In einer neuen Qualitäts-Richtlinie für Führung wird der salutogen handelnde Vorgesetzte postuliert, tatsächlich belohnt das Vergütungs- und Beförderungssystem den Chef vom Typ „Schleifer“. Auch dieses „-Haus“ bekommt Schieflage: Das Unternehmen wird gegenüber seinen internen Zielgruppen (Mitarbeitern, Führungskräften) und externen Zielgruppen (z. B. Medien, Aktionäre) unglaubwürdig und verspielt Reputation.

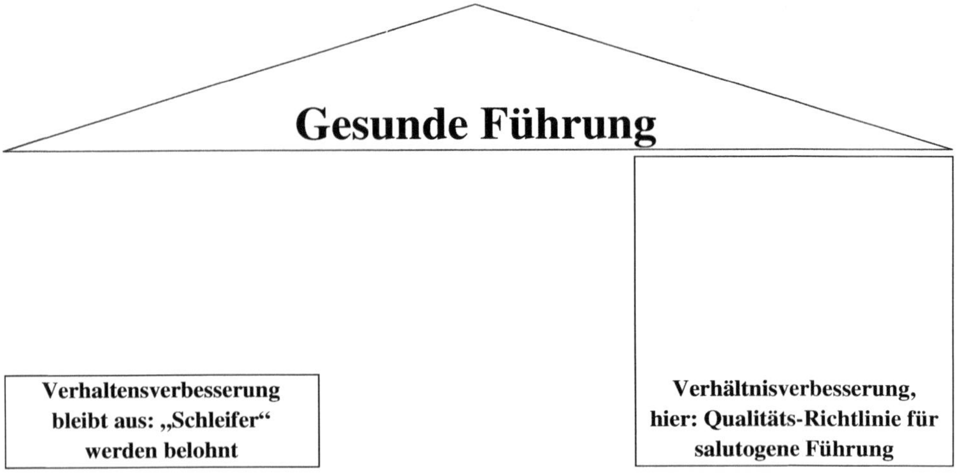

Abb. 5: Konzepte zur gesunden Führung dürfen nicht einseitig auf Verhältnisverbesserung fokussieren.

Da diese beiden Missverständnisse bzw. Schieflagen die bisherigen Bemühungen vieler Unternehmen in Sachen Salutogenese prägen, ist der Durchbruch vielerorts noch nicht geschafft. Ein „Masterplan gesunde Führung“ muss saubere Konzepte und konsequente Umsetzung aller drei relevanten Ebenen gewährleisten:

- die gesunde Mitarbeiterführung
- die gesunde Unternehmensführung
- die gesunde Selbstführung[57]

Erst dann werden Unternehmen ihrem eigenen, in Studien immer wieder belegten Anspruch gerecht, dass die Qualität von Führung und Management einer der erfolgsentscheidenden Faktoren ist und immer bedeutsamer wird.[58] Erich Klemm, Gesamtbetriebsratsvorsitzender der Daimler AG, weist ganz aktuell auf das Zusammenspiel von Mitarbeiter-, Vorgesetzten- und Unternehmensverantwortung für die Gesundheit hin: „Wir haben durch wegweisende betriebliche Vereinbarungen den Beschäftigten bereits gute Chancen eröffnet, Beruf und Privatleben zu vereinbaren. Diesen Weg wollen wir weitergehen und dabei alle Beschäftigtengruppen einbeziehen. Es gilt außerdem, die Führungskultur im Unternehmen nachhaltig weiterzuentwickeln, so dass die Beschäftigten die vielen geschaffenen Möglichkeiten mit aktiver Unterstützung wahrnehmen können.“[59]

3.1 Gesunde Mitarbeiterführung: Der Chef als Coach

Der Vorgesetzte hat entscheidenden Einfluss darauf, ob die Mitarbeiter gesund und motiviert ihre Aufgaben erfüllen. Unternehmen, die ein salutogenes Umfeld für ihre Beschäftigten anstreben, sollten daher mit geeigneten Programmen, Richtlinien und Schulungen dafür sorgen, dass Vorgesetzte zum „Gesundheitscoach" bzw. „Energie-Manager" ihrer Teams werden können – in einem umfassenden Sinne, der die körperliche, mentale, emotionale und spirituelle Zufriedenheit und Leistungsfähigkeit am Arbeitsplatz umfasst.

Bisher besteht die Herausforderung eher darin, das „Gesundheitsrisiko Chef" abzustellen. Studien belegen beispielsweise, dass Führungskräfte den Krankenstand in ihren Abteilungen mitnehmen. Bereits vor Jahren hat Volkswagen in seinen Werken probeweise Vorgesetzte aus Bereichen mit überdurchschnittlich hohen Krankheitsraten in solche mit besonders niedrigen Fehlzeiten versetzt. Das Ergebnis: Schon nach kurzer Zeit schossen die Fehlzeiten in den ehemals vorbildlichen Abteilungen nach oben. Bereits nach einem Jahr hatten die neuen Chefs wieder ihren alten Krankenstand erreicht.[60]

Auch von der Wissenschaft bekommen deutsche Führungskräfte bisher ein durchwachsenes Führungszeugnis: Die Studie GLOBE (Global Leadership and Organizational Behavior Effectiveness) unter 17.000 Managern der mittleren Führungsebene in 62 Ländern hat herausgefunden, dass hierzulande immer noch der sogenannte aufgabenorientierte Führungsstil dominiert. Unternehmen, die ihre Mitarbeiter langfristig binden und gesund entwickeln wollen, sollten der Expertenempfehlung zufolge aber ein humanorientiertes Führungsverhalten an den Tag legen, bei dem sich Chefs um die Belange der Mitarbeiter kümmern, sie motivieren und sie bei der Aufgabenerledigung und ihrer Entwicklung unterstützen. In diesen Kategorien landen deutsche Manager auf einem der letzten Plätze.[61]

Zur Förderung der Salutogenese-Faktoren

- Verstehbarkeit
- Handhabbarkeit
- Sinnhaftigkeit

gibt es auf der Ebene der Mitarbeiterführung fünf wesentliche Ansatzpunkte:

1. Arbeitszeit und Entlohnungssysteme: Ausgewogenheit zwischen beruflichen und privaten Aktivitäten („Life Balance") beeinflusst bei 81 Prozent der Menschen die Arbeitsmotivation positiv.[62] 53 Prozent der über 30-Jährigen und 41 Prozent der unter 30-Jährigen suchen sich ihren Arbeitgeber nach diesem Kriterium aus. Für Frauen ist übermäßige Arbeitsbelastung Kündigungsgrund Nummer eins.[63] Empfindet ein Mitarbeiter ein Ungleichgewicht zwischen seiner Leistung auf seiner Bezahlung („Gratifikationskrise"), schätzt er selbst seinen Gesundheitszustand schlechter ein und leidet auch objektiv häufiger an stressbedingten Krankheiten.[64]

2. Organisatorische Rahmenbedingungen: Während der Begriff „Führung“ eher auf die Aspekte „Was“ (Inhalte) und „Warum“ (Sinn) von unternehmerischem Tun zielt, umschreibt „Management“ das „Wie“ – also Strukturen, Abläufe, Routinen, Interaktionen usw. Für Teresa Amabile, Professorin der Harvard Business School und eine der profiliertesten internationalen Motivationsforscherinnen, sind passende Rahmenbedingungen, in denen die Beschäftigten Arbeitsfortschritte erzielen können, der Motivator und damit Gesundheitsfaktor schlechthin.[65] Noch herrschen in vielen Unternehmen aber eher Chaos und „Durchwursteln“.

3. Führungs- und Kommunikationskultur: Der deutsche Wirtschaftspsychologe Lutz von Rosenstiel hat einmal gesagt: „Führung ... ist im Wesentlichen Kommunikation.“ Der Vorgesetzte, der sich einen salutogenen und coachenden Führungsstil auf die Fahnen geschrieben hat, kann erstens mit Respekt, Lob und Anerkennung, zweitens mit einer lösungs- und ressourcenorientierten Kommunikation sowie drittens mit klarer Führung in menschlich anspruchsvollen Beziehungssituationen zu Leistung und Wohlbefinden seines Teams und seiner eigenen Person beitragen. Die salutogene, leistungssteigernde Wirkung dieser Herangehensweisen ist belegt: Lob durch den Vorgesetzten beeinflusst bei 77 Prozent der Menschen die Arbeitsmotivation positiv.[66] Tatsächlich sagt aber nur jeder fünfte deutsche Arbeitnehmer, dass ihm für gute Arbeit auch Lob ausgesprochen werde.[67] Ein menschlich angenehmes Umfeld erhöht bei 84 Prozent der Menschen die Arbeitsmotivation.[68]

4. Personalentwicklung und Mitarbeitermitwirkung: Die Motivationsforschung teilt die inneren Antreiber des Menschen in ein Machtmotiv („ich will etwas bewegen“), ein Anschlussmotiv („ich will dazugehören“) und ein Leistungsmotiv („ich will gute Arbeit leisten“). Personalentwicklung (Weiterbildung, Mentoring, Aufstiegschancen usw.) und Mitwirkungsangebote (z. B. Mitarbeiterbefragungen) bedienen diese drei Grundmotive des Menschen. Ein hoher Grad an Entwicklungs- und Mitwirkungschancen („Empowerment“) führt zu deutlich mehr Zufriedenheit.[69] Und wenn Chefs ihren Mitarbeitern ein Grundgefühl der Wichtigkeit für das Unternehmen vermitteln, spornt das nachweislich deren Leistung an.[70] Vor allem die zahlenmäßig immer größere Gruppe der Mitarbeiter über 50 dürstet nach Jahren des Jugendwahns nach solchen Signalen. Und die sind berechtigt: Die Produktivität steigt um gut zwei Prozentpunkte, wenn der Anteil älterer an der Belegschaft um einen Prozentpunkt zunimmt und altersgerechte Arbeitsplätze für sie vorhanden sind.[71]

5. Führen auffälliger und/oder erkrankter Mitarbeiter: Auch wenn Mitarbeiter ihre Belastungsgrenze überschritten haben, gibt es für Chefs noch Handlungsspielraum. Ein systematisches Fall-Management und die spezielle Schulung von Führungskräften tragen dazu bei, dass der betroffene Mitarbeiter wieder zu alter Leistungsfähigkeit zurückfindet und in der Zwischenzeit die Folgen für die Kollegen und das Unternehmen als Ganzes eingegrenzt werden.

Arbeitszeit und Entlohnungssystem		Personalentwicklung und Mitarbeitermitwirkung
Organisatorische Rahmenbedingungen	Gesunde Mitarbeiterführung	Führen auffälliger bzw. erkrankter Mitarbeiter
Führungs- und Kommunikationskultur		

Abb. 6: Bereiche gesunder Mitarbeiterführung im Überblick

3.1.1 Arbeitszeit und Entlohnungssysteme

Rein quantitativ betrachtet verringert sich seit 1970 in Deutschland die Arbeitszeit kontinuierlich.[72] Allerdings leisten laut Deutschem Gewerkschaftsbund zwei Drittel der Beschäftigten Überstunden.[73] Dabei läge schon die aktuelle Vertragsarbeitszeit über dem Ideal der Mehrheit: Die wünscht sich eine 30-Stunden-Woche.[74] Zudem interessieren sich 94 Prozent der Frauen und 78 Prozent der Männer dafür, zeitlich flexibler zu arbeiten.[75] Bei Frauen mit ihrer häufigen Doppelaufgabe Beruf-Familie überrascht das nicht, doch gerade der Bedarf von jungen Vätern wird oft übersehen: Nur 58 Prozent der männlichen Beschäftigten mit Kindern haben tatsächlich den Wunsch, weiter in Vollzeit zu arbeiten; 90 Prozent tun dies aber, überwiegend weil sie negative Konsequenzen von Elternzeit oder Teilzeit für ihre Karriere fürchten.[76]

Auf Flexibilität, Familienfreundlichkeit und Life Balance ausgerichtete Arbeitszeitmodelle bieten Unternehmen zahlreiche Vorteile im Rahmen eines umfassenden Salutogenese-Ansatzes. Zentrale Nutzen sind die Senkung des Krankheitsrisikos, die Verbesserung der Mitarbeitermotivation und die Rückführung qualifizierter Mitarbeiter aus der stillen Reserve in den aktiven Arbeitsmarkt:

- Eine Langzeitstudie erkannte einen Zusammenhang zwischen regelmäßigen Überstunden und Depressionsrisiko. Vielarbeiter erkranken demnach doppelt so häufig an diesem schweren psychischen und auch mit dem Burnout in Verbindung gebrachten Leiden wie Angestellte ohne Überstunden.[77] Oberhalb von 35 Wochenstunden nimmt auch generell das Krankheits- und Unfallrisiko deutlich zu, zumal wenn der Beschäftigte wenig Einfluss auf die Gestaltung seiner Arbeitszeit hat und sich stark betrieblichen Interessen unterordnen muss.[78]

- Überzeugende Angebote des Unternehmens für Life Balance sowie die Reduktion von Stress- und Arbeitsbelastung fördern nachweislich nachhaltiges, also überdurchschnittliches Mitarbeiterengagement.[79]

- Ein für das Bundesfamilienministerium erstellter Forschungsbericht berechnet, dass Unternehmen durch familienfreundlichere Arbeitszeiten und flexible Arbeitszeitmodelle bis zu 1,56 Millionen beurlaubten und nicht erwerbstätigen Müttern den Wiedereinstieg in das Berufsleben erleichtern können. Die meisten davon sind mittel bis hoch qualifiziert.[80]

Personalmanager stufen salutogene Arbeitszeitmodelle denn auch als eine der wichtigsten Herausforderungen der nächsten Jahre ein und bekennen zugleich selbstkritisch, dass ihre Unternehmen erst sehr geringe Fähigkeiten und wenig überzeugende Angebote hierfür haben.[81] Folgende Ansatzpunkte zur Verbesserung der Lage gibt es:

1. Flexible Arbeitszeitgestaltung

Arbeitszeitkonten und Vertrauensarbeitszeit erlauben dem Mitarbeiter die eigenverantwortliche Terminierung seiner An- und Abwesenheit – in Abstimmung mit Unternehmens- und Kundeninteressen. Dies kann im Extremfall bin hin zu einer völligen Freigabe der Arbeits- und Urlaubszeiten gehen, wie dies beispielsweise das börsennotierte US-Medienunternehmen Netflix in seiner „culture of freedom and responsibility“ anbietet.[82] Der 2012 neu gewählte Präsident des Arbeitgeberverbandes Gesamtmetall, Rainer Dulger, hat die Flexibilisierung der Arbeitszeiten als einen der wichtigsten Punkte auf seiner strategischen Agenda bezeichnet.[83]

2. Freie Wahl des Arbeitsortes

Die Ermöglichung von Home-Office-Arbeitsplätzen kommt insbesondere Eltern entgegen, wird aber auch von Mitarbeitern geschätzt, die sich in bestimmten Projektphasen oder bei herausfordernden Aufgaben gerne in eine störungsfreiere Atmosphäre zurückziehen. Auch die stark gesundheitsschädigende Belastung des Pendelns sinkt auf diese Weise.

3. Mehr Teilzeitstellen in flexibler Stundenabstufung

Eine Vollzeitstelle ist für viele Eltern zu zeitintensiv, fast die Hälfte von ihnen wünscht sich mehr Zeit für die Familie.[84] Halbtagsarbeit scheidet aber vor allem für den Hauptverdiener oft aus finanziellen Gründen aus und steht zudem im Ruf einer Karrierebremse. Deshalb will beispielsweise die „Initiative Familienbewusste Arbeitszeiten“ des Deutschen Industrie- und Handelskammertages auf mehr Teilzeitstellen im Volumen von 30 bis 35 Stunden pro Woche hinwirken. Entscheidend für die Akzeptanz von Teilzeitstellen ist es auch, dass sich nicht nur Einkommen und Urlaubsanspruch, sondern auch das Aufgabenvolumen anteilig reduzieren. In der Realität herrscht oft das Prinzip "halbes Gehalt - volle Arbeit". Ein weiteres Element flexiblerer Arbeitszeitgestaltung ist das Jobsharing, bei dem sich zwei Personen eine Vollzeitstelle teilen.

4. Leistungs- statt Anwesenheitskultur und kalkulierbare Freizeit

In vielen Unternehmen gilt eine Anwesenheits- und Allzeit-Bereit-Kultur: Wer lange Zeiten im Betrieb bzw. für berufliche Belange immer ansprechbar ist, ist wichtig – so ein verbreitetes Klischee. Ausprägungen dieser Kultur sind

- Präsentismus (krank zur Arbeit gehen)
- Spätarbeit (Regel-Meetings nach 17 Uhr, die entscheidenden Angelegenheiten werden abends besprochen, Psychodruck auf Kollegen mit pünktlichem Feierabend)
- aufgenötigte oder freiwillige Wochenendarbeit
- Urlaub verfallen oder auszahlen lassen
- aus dem Urlaub in der Firma anrufen oder vom Vorgesetzten/Kollegen angerufen werden
- keine Mittagspause nehmen oder sein Essen am Arbeitsplatz herunter schlingen
- übermäßige bzw. sehr kurzfristig anberaumte Überstunden
- dauerhafte Überschreitungen der gesetzlichen Zehn-Stunden-Arbeitstag-Regel.

All dies schürt Frust und gegebenenfalls auch stressfördernde familiäre Konflikte. Die Hälfte der deutschen Personalmanager ist bereits dafür sensibilisiert, dass ständige Erreichbarkeit bei den Mitarbeitern mit hoher Wahrscheinlichkeit zu einem Burnout beitragen kann.[85] Die Stressforschung weiß außerdem, dass Menschen meist nicht die Aufgaben an sich als belastend empfinden, sondern mangelnde Gestaltungs- und Einflussmöglichkeiten bzw. ein Gefühl des Ausgeliefertseins.[86] Menschen, die Beruf und Freizeit nicht voneinander abgrenzen (können), klagen über mehr als doppelt so viele psychosomatische Stresssymptome (z. B. Erschöpfung, Niedergeschlagenheit oder Kopfschmerzen) wie der Durchschnitt.[87]

Gegenmittel ist eine definierte und vor allem von den Führungskräften vorgelebte Leistungskultur, die auf qualitative Ergebnisse und nicht auf quantitative Anwesenheit setzt, sowie betriebliche Vereinbarungen zur Erreichbarkeit. Tarifvertragliche Regeln in diese Richtung, wie sie unlängst Bundesfamilienministerin Kristina Schröder vorgeschlagen hatte, lehnen allerdings die allermeisten Personalverantwortlichen noch ab.[88] Der Betriebsrat von Volkswagen hatte 2011 eine Betriebsvereinbarung durchgesetzt, laut der bei Firmen-Blackberrys 30 Minuten nach Ende der Gleitzeit der Serverbetrieb eingestellt und erst 30 Minuten vor Beginn des nächsten Arbeitstags wieder aufgenommen wird. Dies betrifft allerdings nur 1.100 VW-Mitarbeiter, die ein Firmen-Smartphone besitzen und für die ein Tarifvertrag gilt – nicht jedoch das Gros der in der Regel außertariflich bezahlten Führungskräfte. Auch das Ausweichen auf private Mailadressen – freiwillig oder auf Druck des Chefs – kann eine solche Vorschrift nicht verhindern. Die Daimler AG hat 2013 eingeführt, dass Mitarbeiter während ihres Urlaubs eingehende E-Mails automatisch löschen lassen können und der Absender automatisch auf einen zuständigen Vertreter hingewiesen wird. Echte Abgrenzung zwischen Beruf und Freizeit gibt es nur bei einem grundlegenden Wandel der Unternehmenskultur. Dass man dies schaffen und trotzdem erfolgreich bleiben kann, zeigt ein Experiment bei der Boston Consulting Group: Kluges und rigoroses Zeitmanagement mit Regeln für Auszeiten, Nicht-Erreichbarkeit u. v. m. erhöhte hier sowohl die Zufriedenheit der Mitarbeiter als auch die Produktivität der Teams.[89]

5. Lebensphasenorientierte Arbeitszeiten

Unternehmen sollten Auszeiten in allen Phasen der Erwerbsbiografie ermöglichen. Seit 2012 sieht beispielsweise das Familienpflegezeitgesetz (FPfZG) die Möglichkeit vor, die Wochenarbeitszeit auf bis zu 15 Stunden über zwei Jahre zu reduzieren, um Angehörige zu pflegen. Zu große Gehaltseinbußen werden mit einem Arbeitszeitkonto-Modell vermieden, wie man es von der Altersteilzeit kennt. Für Unternehmen ist das Modell bisher keine Pflicht. Manche gehen jedoch bewusst darüber hinaus: Größtmögliche Zeitsouveränität genießen z. B. die Beschäftigten der Deutschen Telekom. Sie können nicht nur bei Pflegebedarf, sondern aus jedwedem Grund eine befristete, über ein Arbeitskonto finanzierte Auszeit nehmen.

6. Grenzen der Anpassungsfähigkeit und Unsicherheit achten

Zeitarbeit, Leiharbeit, befristete Arbeitsverträge, freie Mitarbeit statt Festanstellung: Diese sogenannten atypischen Beschäftigungsformen haben seit 1999 um 79 Prozent zugenommen, während die Zahl der unbefristeten Vollzeitstellen um rund 20 Prozent zurückgegangen ist. Nur noch jeder Zweite ist hierzulande „klassisch" beschäftigt.[90] Der IT-Konzern IBM erhielt unlängst große öffentliche Aufmerksamkeit mit strategischen Überlegungen, dass mittelfristig nur noch eine kleine Zahl festangestellter regulärer Beschäftigter ein Heer von Freelancern steuern sollen, die nach Bedarf und Qualifikation gebucht, eingesetzt und bezahlt werden sollen.[91] Für Unternehmen sind diese Rahmenbedingungen willkommene Instrumente zur Kostensenkung und Flexibilisierung. Für immer mehr Beschäftigte wirken sie sich indes stress- und krankheitsfördernd aus. Bei Zeitarbeitern liegt beispielsweise die Krankschreibung wegen psychischer Beschwerden um 34 Prozent über dem Durchschnitt.[92]

7. Betreuungsservice und -bezahlung

Manche Beschäftigten – vor allem ambitionierte Fach- und Führungskräfte – sind weniger an Arbeitszeitreduzierung als an Unterstützung bei der Vereinbarkeit von Familie und Beruf interessiert. Hierzu gehören familienfreundliche Angebote wie betriebliche Kinderbetreuung (Hort, Kindergarten, Schulferien-Überbrückung), Familienservice, Übernahme von Betreuungs- oder Pflegekosten usw. Ein Eltern-Kind-Zimmer im Unternehmen kann genutzt werden, um ein Kind ausnahmsweise einmal mit zum Arbeitsplatz zu bringen, z. B. wenn überraschend der Hort geschlossen ist. Sicher kann ein betreuender Elternteil an einem solchen Tag keine volle Leistung bringen, er oder sie arbeitet aber immer noch mehr, als wenn er/sie ganz zu Hause bliebe.

Diese und andere Ansätze salutogener Arbeitszeitgestaltung entfalten umso kraftvoller ihre Wirkung, je mehr konkrete Vorbilder in den Führungsetagen es gibt. Erst wenn Vorstände in Elternzeit gehen, ein zentrales Projekt einer Mutter mit 60-Prozent-Stelle anvertraut wird, zwei männliche Teilzeit-Führungskräfte sich einen Job teilen, der Abteilungsleiter sich wegen des Einschulungstermins seines Kindes in der Geschäftsführungssitzung von seinem Vize vertreten lässt und ein Chef seine übereifrigen Mitarbeiter für Mailkorrespondenz am Wochenende rügt, herrscht wahrhaftig eine gesunde Unternehmenskultur.

Checkliste für Führungskräfte und Personalmanager

- ✓ Haben Sie einen Überblick über die Überstunden-Belastung Ihrer Mitarbeiter? Wie begrenzt Ihr Unternehmen Überstunden?
- ✓ Kennen Sie – etwas aus Mitarbeiterbefragungen – die Arbeitszeitpräferenzen Ihrer Beschäftigten, etwa von Müttern oder Vätern?
- ✓ Wie geht Ihr Unternehmen mit Müttern oder Vätern um, die Elternzeit nehmen? Ist diese Entscheidung eine Karrierebremse?
- ✓ Ist sich Ihr Unternehmen der strategischen Bedeutung flexibler Arbeitszeiten für die Bekämpfung des Fachkräftemangels bewusst? Genießt dieses Thema Management Awareness?
- ✓ Bietet Ihr Unternehmen Arbeitszeitkonten und Vertrauensarbeitszeit an?
- ✓ Bietet Ihr Unternehmen Home-Office-Arbeitsplätze an?
- ✓ Wie umfangreich und flexibel sind die Teilzeit-Modelle Ihres Unternehmens? Ermöglichen Sie auch Führungskräften eine Arbeitszeitreduzierung? Wie wirkt sich dies auf deren weitere Laufbahn aus?
- ✓ Gibt es in Ihrem Unternehmen eine Anwesenheits- und Allzeit-Bereit-Kultur? Welche Möglichkeiten haben Sie, daraus eine salutogene Leistungskultur zu machen?
- ✓ Ermöglicht Ihr Unternehmen Auszeiten in allen Phasen der Erwerbsbiografie?
- ✓ Begrenzt Ihr Unternehmen Zeitarbeit, Leiharbeit, befristete Arbeitsverträge und freie Mitarbeit auf das notwendige Maß?
- ✓ Unterstützt Ihr Unternehmen die Vereinbarkeit von Familie und Beruf auch finanziell, etwa durch die Übernahme der Kinderbetreuungskosten?
- ✓ Hat bzw. fördert Ihr Unternehmen glaubwürdige Vorbilder für eine salutogene Arbeitszeitgestaltung und Life Balance?

3.1.2 Organisatorische Rahmenbedingungen

Die Harvard Business School hat Hunderte von Beschäftigten über Monate aufzeichnen lassen, was ihnen am Arbeitsplatz am meisten Zufriedenheit, Motivation und Wohlbefinden vermittelt hat. Auf Platz eins: Fortschritte bei der Arbeit erzielen – also salopp gesagt: Die organisatorischen Rahmenbedingungen ermöglichen es, „einen guten Job zu machen".[93] Der Führungs-Vordenker Reinhard Sprenger nennt dies „den Prozess der Leistungsentstehung freudvoll gestalten".[94] Dies ist Kernaufgabe des Managements, das sich typischerweise auf den Aspekt des „Wie" (die Dinge richtig tun) fokussiert, während Führung („Leadership") sich auf die Fragen „Was" bzw. „Warum" (die richtigen Dinge tun) konzentrieren sollte. Der US-Wirtschaftsprofessor Henry Mintzberg hat die provozierende These aufgestellt, viele Unternehmen seien „overled" und „undermanaged" [95], es herrsche also ein Zuviel an Strategie und ein Zuwenig an sauberer, professioneller Umsetzung.[96]

Die Realität scheint dies zu bestätigen: Einer großangelegten Querschnittstudie zufolge werden 41 Prozent der Arbeitszeit unproduktiv verwendet. Hauptgrund dafür ist unzulängliches Management-

Handwerk, also Fehler in Planung, Steuerung, Kommunikation und Kontrolle.[97] Reinhard Sprenger setzt „managen“ denn auch schon einmal kurzerhand mit „sich durchwursteln“ gleich.[98]
Folgende Ansatzpunkte haben das Potenzial, sowohl die Leistung als auch Motivation und Gesundheit der Mitarbeiter positiv zu beeinflussen:

1. Gutes Management-Handwerk

Professionelles Management-Handwerk ist einer der wirkungsvollsten Salutogenese-Faktoren überhaupt. Dazu gehören: transparent kommunizieren, Prioritäten setzen, nachvollziehbare und stringente Entscheidungen treffen, professionelle Workflows einhalten, eindeutige Arbeitsplatz- und Schnittstellenbeschreibungen definieren usw. Als besonders belastend benennen Mitarbeiter in Befragungen immer wieder die Meetingkultur. Hier können Führungskräfte mit sauberer Vorbereitung, familienfreundlicher Terminierung, straffer Durchführung und konsequentem Nachhalten von Vereinbarungen für mehr Effizienz und Erfolgserlebnisse sorgen.

2. Struktur und Ordnung

Oft stressen die vielen Kleinigkeiten, Pannen und Unzulänglichkeiten des betrieblichen Alltags. Unternehmen mit professionellem Qualitäts- und Workflow-Management ersparen ihren Mitarbeitern Stressoren wie Chaos in der Akten- oder Computerablage, unzuverlässige IT-Systeme, lückenhafte Vertreterregeln bei Urlaub oder Krankheit, veraltete Organigramme und Telefonlisten, nicht gepflegte elektronische Kalender u. v. m.

3. Wenige Ziele – ausreichend Ressourcen

Durch diverse wissenschaftliche bzw. demoskopische Untersuchungen sind Zielvereinbarungen (auf Basis der Methodik „management by objectives“ von Peter F. Drucker) in jüngster Zeit in die Kritik geraten. So ergab eine Befragung von Führungskräften und Mitarbeitern aus Mittelstand und Konzernen, dass nur 27 Prozent der Mitarbeiter und 52 Prozent der Vorgesetzten spontan ihre aktuellen Ziele nennen können. Das Gros macht im Falle einer Zielverfehlung äußere Einflüsse geltend und steht nicht zur persönlichen Verantwortung. Auch gibt es nicht durchgehend Konsequenzen, wenn Ziele verfehlt werden.[99] Forscher der Harvard University sehen in individuellen Zielvereinbarungen für Mitarbeiter nur dann ein Führungsinstrument mit Mehrwert, wenn die Anzahl der Ziele begrenzt wird und angemessene Arbeitsressourcen zur Zielerreichung vorhanden sind. All dies ist Aufgabe einer professionellen Personalplanung, die Personalressourcen und Budgets realistisch kalkuliert und chronische Überlastung abstellt. Reinhard Sprenger plädiert in seinem aktuellen Buch in gewohnt polarisierender Manier für einen völligen Verzicht auf Ziele und Zielvereinbarungen – zugunsten einer Verantwortungskultur, die auf die Selbstführungsfähigkeiten der Mitarbeiter vertraut.[100]

4. Mut zur Lücke

Manager sollten das verbreitete Paradigma überprüfen, dass eine Vielzahl von Projekten automatisch eine Vielzahl von Chancen und Vorteilen birgt. Statt beispielsweise das betriebliche Vorschlagswesen für den Start immer neuer Projekte zu nutzen, sollten die Mitarbeiter einmal ermutigt werden, verzichtbare Projekte zu benennen. Auch die Implementierung eines Ausleseprozesses unternehmerischer Projekte nach strikten Kosten-Nutzen-Kriterien empfiehlt sich. Hilfreich sind außerdem eine strenge Qualitätskontrolle (neue Projekte erst nach akzeptablem Abschluss laufender Projekte), ein Neuprojekt-Stopp in Phasen besonderer Herausforderungen sowie eine offizielle „Beerdigungskultur", mit der Projekte unmissverständlich ad acta gelegt werden und dies nicht als Scheitern, sondern als kluges Priorisieren verstanden wird. Das Top-Management kann die Projektbegrenzung vorbildhaft unterstützen, indem es nur eine begrenzte Zahl wichtiger Projekte parallel laufen lässt.

5. „Ora et labora"

Institutionalisierter Dauerstress und Veränderung als Normalzustand überfordert bzw. frustriert selbst resiliente Naturen, für weniger robuste Mitarbeiter bedeutet solch ein Klima allerhöchstes Stress- und Gesundheitsrisiko. Deswegen sollten Unternehmen darauf achten, dass Veränderungs- und Krisenphasen klar als solche benannt und professionell (heißt: transparent, zügig und zielführend) gemanagt werden – dann aber auch irgendwann beendet sind und von Verschnaufpausen abgelöst werden.

6. Energieniveau erhöhen

Immer mehr Unternehmen machen gute Erfahrungen mit den gesundheits- und motivationsfördernden Wirkungen von angenehmer Arbeitsumgebung (Ordnung, Möbel, Ästhetik, Architektur, Raumklima, Materialien usw.).

Checkliste für Führungskräfte und Personalmanager

- ✓ Wissen bzw. messen Sie, was Ihren Beschäftigten am Arbeitsplatz wirklich zu Zufriedenheit, Motivation und Wohlbefinden verhilft?
- ✓ Welche Aufgaben obliegen in Ihrem Unternehmen dem Management und welche Ziele sollen mit Führung erreicht werden? Hat der Unterschied in Ihrem Unternehmen überhaupt eine Bedeutung?
- ✓ Wie messen Sie die Qualität des Management-Handwerks in Ihrem Unternehmen, also etwa Planung, Steuerung, Kommunikation und Kontrolle?
- ✓ Wie professionell und transparent sind Workflows, Administration, IT-Infrastruktur usw. in Ihrem Unternehmen?
- ✓ Gibt es eindeutige Arbeitsplatz- und Schnittstellenbeschreibungen?

- ✓ Wie salutogen oder stressend ist die Meetingkultur in Ihrem Unternehmen?
- ✓ Können Sie belegen, dass individuelle Zielvereinbarungen für Ihr Unternehmen einen Mehrwert stiften? Oder wenden Sie sie nur an, weil andere es auch tun?
- ✓ Wie können sich die Mitarbeiter bei der Zieldefinition einbringen und was passiert bei Zielverfehlung?
- ✓ Sind die Zielvereinbarungen in Ihrem Unternehmen typischerweise schwammig und/oder überfrachtet?
- ✓ Haben Ihre Mitarbeiter überhaupt angemessene Arbeitsressourcen zur Zielerreichung?
- ✓ Ist Ihr Unternehmen mit Projekten und Initiativen überfrachtet? Controllen Sie Projekte streng genug nach Kosten-Nutzen-Kriterien? Haben Sie eine offizielle „Beerdigungskultur" für nicht mehr zielführende Projekte?
- ✓ Wie kann Ihr Unternehmen von den motivations- und gesundheitsfördernden Wirkungen einer angenehmen Arbeitsumgebung profitieren?

3.1.3 Führungs- und Kommunikationskultur

Entscheidend für Leistung, Motivation und Gesundheit der Mitarbeiter ist einer Studie der Universität Erlangen zufolge nicht, ob und wie oft der Vorgesetzte mit seinen Leuten spricht, sondern wie.[101] Nur 28 Prozent der Unternehmen evaluieren aber bisher, ob ihre Führungskräfte gegenüber den Mitarbeitern den richtigen Ton finden.[102]

Führungskräfte können bei der Entwicklung bzw. Vervollkommnung ihres salutogenen Kommunikationsstils Anleihen aus einem anderen Bereich nehmen, der die umfassende psychosoziale Gesundheit des Menschen und seine Rückkehr zu voller Leistungsfähigkeit im Fokus hat: bei der Psychotherapie bzw. dem psychologisch fundierten Coaching. Hier wird der Klient bzw. Coachee vom Therapeuten bzw. Coach angeleitet,

- auf positive bzw. zu optimierende Aspekte zu fokussieren (Transfer zur Führung: Rückmeldung und Lob geben)
- mit Hilfe eigener Ressourcen Lösungen für Probleme zu entwickeln oder Veränderungswünsche umzusetzen (Transfer zur Führung: Mitarbeiter lösungs- und ressourcenorientiert coachen)
- schwierige und belastende Situationen transparent zu analysieren und zu entscheiden, was man zu der Misere selbst beigetragen hat und in Zukunft anders machen will (Transfer zur Führung: Schwierige Führungssituationen meistern)

1. Rückmeldung und Lob geben

Regelmäßige Aufmerksamkeit und konstruktive Rückmeldung der Führungskraft wirkt sich gesundheits- und leistungssteigernd auf Mitarbeiter aus. Dennoch verbringen Manager im Schnitt nur 20 Prozent ihrer Arbeitszeit mit Menschenführung.[103] Dabei hat eine Langzeitstudie im Auftrag der Bertelsmann Stiftung ergeben, dass 20 Prozent mehr Zuwendung und soziale Unterstützung durch Vorgesetzte die durch Burnout bedingten Erkrankungen bei Mitarbeitern um bis zu zehn Prozent senken kann.[104] Zu ähnlichen Ergebnissen kommt das Sigmund-Freud-Institut der Universität Frankfurt.[105] Wissenschaftler der Universität Zürich fanden heraus: Ein Team, das am Projektende für gute Leistung eine Urkunde erwarten kann, arbeitet um zwölf Prozent produktiver als eine Vergleichsgruppe.[106] Auch das renommierte Gallup-Institut, das mit seinem regelmäßig erhobenen Engagement-Index wie kaum eine andere Einrichtung über Langzeitdaten zu Motivation und Wohlbefinden von Beschäftigten verfügt, spricht von einem klaren Zusammenhang zwischen Rückmeldung und Aufmerksamkeit des Chefs und dem Motivations- und Wohlfühlniveau des Mitarbeiters.[107]

Rückmeldung und Aufmerksamkeit – auch wenn sie Kritik und Verbesserungsvorschläge enthalten – sind also erwiesenermaßen Salutogenese-Faktoren und haben zudem den Charme, kein Geld zu kosten. Dennoch setzen deutsche Führungskräfte dieses Multitalent der gesunden Führung noch nicht so intensiv ein, wie es sinnvoll wäre. 54,5 Prozent der Mitarbeiter nehmen z. B. Lob von ihrem Vorgesetzten nur selten bzw. nie wahr.[108] Und wer weniger Feedback von seinem Vorgesetzten bekommt oder registriert, ist auch wenig emotional an seinen Arbeitgeber gebunden und leistungsbereit.[109]

Führungskräfte, die in Zukunft öfter (kritisch-konstruktive) Rückmeldung geben wollen, sollten einige Regeln beachten:

- Beschreiben, nicht interpretieren:
  „Ich beobachte, dass Sie oft in Hektik verfallen und Fehler passieren. Mir ist es wichtiger, dass Sie gute Qualität abliefern, als dass Sie als erste fertig sind."

- Konkret, nachvollziehbar (kein „nie", „immer", sondern den aktuellen Fall betreffend):
  „Am Montag sowie zweimal in der vergangenen Woche konnte ich bemerken, dass Sie ..."

- Trennen von Wahrnehmung, Gefühl, Vermutung:
  „Ich hörte, wie Sie sich bei Ihrer Präsentation oft räusperten. Ich fühlte mich dadurch in meiner Konzentration gestört. Könnte es sein, dass Sie nervös waren? Dann würde ich gerne mit Ihnen darüber sprechen."

- Eine positive Perspektive eröffnen:
  „Ich bin mit den aktuellen Unterlagen noch nicht ganz zufrieden. Die vorgestern waren sehr hilfreich, bitte orientieren Sie sich doch daran, wenn sie diese hier nochmals überarbeiten."

- Änderungsbedarf respektvoll, aber deutlich formulieren:
  „Ich habe den Eindruck, dass Sie nicht immer mit voller Disziplin bei der Sache sind. Deswegen erinnere ich Sie an Ihre Mitverantwortung für den Erfolg unseres Projektes. Es kommt auch auf Sie an. Ich weiß, dass Sie sich noch mehr einbringen können."

- Mitteilung der Motive:
  „Ich sage das nicht, um Sie zu belehren, sondern weil ich unser Projekt voranbringen will."

Zu vermeiden beim Feedback sind Befehle („Jetzt machen Sie schon."), rhetorische Fragen („Ist das auch wirklich eine sinnvolle Lösung?"), Anklagen („Sie verstehen immer noch nicht, um was es mir geht."), Schimpfen („Immer der gleiche Mist, die Berechnungen stimmen wieder nicht."), Sarkasmus („Herr, wirf Hirn vom Himmel!"), Ironie („Tja, es ist schon günstig, wenn man die Dinge schlicht sehen kann."), Bloßstellung („Sie sind ein Versager."), Drohung („Das werden Sie bereuen.") und sehr kritisches oder persönliches Feedback vor Zeugen.

Auch Lob will gekonnt sein, denn nur echte, authentische Belobigungen wirken gesundheits- und motivationssteigernd:

- Präzise: Was genau ist gut gelaufen? Nicht nur: „Super! Weiter so!"
- Beobachtbares statt Pauschales: Nicht: „Sie können so gut mit den Leuten." Besser: „Sie haben diese Kundenveranstaltung toll gemeistert. Das sah ich daran, dass ..."
- Unmittelbar: Wenn der Mitarbeiter emotional noch bei der Sache und stolz auf seine Leistung ist, fällt Lob auf fruchtbarsten Boden.
- Ehrlich: Nicht den „Lobkiller" als verkappte Kritik einsetzen („Diese Leistung könnten Sie ruhig öfter bringen.")
- Nicht zu überschwänglich: Wer zu dick aufträgt, entwertet das Lob.
- Außergewöhnliche Leistung: Nicht inflationär das Normale, sondern die für eine Person ungewöhnliche Leistung loben.
- Kontinuierliche Leistung: Auch die dauerhaft gute Arbeit ist lobenswert, besonders wenn der Mitarbeiter nicht die Chance hat, etwas Außergewöhnliches zu leisten.
- Auf Augenhöhe: Nicht von oben herab („Na, das haben Sie aber fein gemacht. Machen Sie mal schön weiter so.")
- Mit Symbolen verstärken: z. B. Gratulation vor dem Lob, besonderes Lob nochmals als Brief, kleine Geschenke und Incentives
- Lob in der Krise: Mitarbeiter mit Erkrankungen, privaten Problemen etc. besonders oft loben
- Unter vier Augen oder öffentlich? Es braucht Fingerspitzengefühl, ob öffentliches Lob dem Mitarbeiter eher peinlich ist oder es zusätzlich motiviert. Bei Leistungen, die jeder erbringen kann, immer öffentlich loben.
- Nicht vergleichen: Beim Lob für den einen nicht andere Mitarbeiter herabsetzen („Da könnten Sie sich mal eine Scheibe abschneiden.")

Zu meiden sind auch taktisches Lob (der Chef will mit Lob manipulieren), kompensatorisches Lob (der Chef schiebt Lob vor, statt sich für ein Fehlverhalten zu entschuldigen oder einen Missstand zu bereinigen), isolierendes/beschämendes Lob (der Chef hebt einen Mitarbeiter (übertrieben) auf ein Podest und isolierte ihn so im Kollegium), wahlloses Lob (der Chef lobt ohne Bezug und nachvollziehbare Kriterien), egoistisches Lob (der Chef lobt, um seinerseits vom Mitarbeiter emotionale Bestätigung, Harmonie oder Gefolgschaft zu bekommen) und Schein-Lob (der Chef lobt Scheinergebnisse um zu vertuschen, dass die wahren Ziele nicht erreicht und die echten Probleme nicht gelöst sind) entfalten keine nachhaltig salutogene Wirkung.

2. Mitarbeiter lösungs- und ressourcenorientiert coachen

Das Schlagwort vom „Chef als Coach“ ist weithin bekannt. Doch was genau heißt das? Was tut ein Coach? Das englische Wort „Coach“ heißt auf Deutsch „Kutsche“. Eine Kutsche alleine tut nichts, ist als Fortbewegungsmittel wertlos, nur ein Haufen Holz und Metall. Zur Zielerreichung braucht es zusätzlich

- einen Kutscher, der weiß, wo er hin will (der Coachee bzw. Mitarbeiter)
- Pferde, die genug Kraft haben, um die Kutsche samt Kutscher und Gepäck zu ziehen (die inneren und äußeren Ressourcen des Coachees bzw. Mitarbeiters)
- eine Route und Kenntnis des Wegs, damit das Ziel sicher in der geplanten Zeit erreicht werden kann (die Strategien und Verhaltensweisen des Coachees bzw. Mitarbeiters)

In diesem Bild wird klar, dass die meiste „Arbeit“ vom Coachee bzw. Mitarbeiter selbst erledigt wird. Allerdings gibt das Gefährt Kutsche (der Coach bzw. die coachende Führungskraft) dem Ganzen einen wesentlichen größeren Wirkungsgrad – etwa im Vergleich zu einer Zielerreichung zu Fuß oder per Maulesel. Der Coach bzw. coachende Chef ist also sozusagen der Katalysator oder Wirkkraftverstärker, der dem Coachee bzw. Mitarbeiter dabei hilft, ambitionierte Ziele zu definieren, die richtigen Umsetzungsstrategien zu planen, mächtigere Ressourcen im Innen und Außen nutzbar zu machen und kraftvolle konkrete Handlungen zu unternehmen. Indem der Vorgesetzte die Erfolge und die Zielerreichung seiner Mitarbeiter coachend unterstützt, fördert er zugleich die psychosoziale Gesundheit des Mitarbeiters. Denn wie an anderer Stelle beschrieben, sind Arbeitsfortschritte, gute Leistungen und Sinnempfinden wesentliche Faktoren, die Menschen in ihrer Berufstätigkeit gesund und motiviert erhalten.
Mündige, qualifizierte, selbstbestimmte und intrinsisch motivierte Mitarbeiter blühen unter einem coachenden Führungsstil in aller Regel auf, und der Vorgesetzte profitiert von dieser Art der Zusammenarbeit in Form von Entlastung und eigener Life Balance. Zur Herausforderung wird der coachende Führungsstil, wenn Mitarbeiter eine Persönlichkeitsstruktur mitbringen, die mündiges und selbstbestimmtes Handeln erschwert. Wie in bereits ausführlich beschrieben, ist der Mensch kein überwiegend rationales Wesen, sondern aufgrund von Erziehung und Lebenserfahrung mehr oder minder stark von bewussten oder unbewussten Persönlichkeitsanteilen (z. B. dem „Perfektionisten“, „Harmoniesüchtigen“, „inneren Kind“, „inneren Kritiker“) sowie Antreibern („Mach‘s jedem recht“, „Beeil dich“, „Sei stark“ usw.) determiniert. Diese Persönlichkeitsanteile und Antreiber eines Mitarbeiters können

- seine Zielerreichung behindern oder unmöglich machen und damit Quelle von Frust und Demotivation sein
- Teamkonflikte schüren
- Konflikte mit dem Chef anheizen
- seine Kontakte mit externen Zielgruppen (z. B. Kunden) belasten
- ihn einem erhöhten Stress- bzw. Gesundheitsrisiko aussetzen.

Der als Coach ausgebildete Chef muss in der Lage sein (und nur dann sollte er solche Führungsstrategien und Interventionen auch einsetzen!), leistungshemmende und gesundheitsschädliche Persönlichkeitseigenschaften beim Mitarbeiter zu erkennen und mit ihnen umzugehen. Außerdem kann er klassische Führungstechniken wie Zieldefinition, Feedback usw. passgenau an die mental-emotionalen Gegebenheiten des Mitarbeiters anpassen. So weiß er zum Beispiel, dass Lob und „Bei der Arbeitsehre packen" beim Burnout-Risikotyp völlig kontraproduktiv und sogar gefährlich sind. Weitere Beispiele für einen coachenden Führungsstil:

Persönlichkeitsanteile/ Antreiber des MA	**Coaching-Ziel des Vorgesetzten**	**z. B. durch**
Sei perfekt!	Perfektionsdruck mindern	Lob, Gnade, realistische Ziele
Mach's andern recht!	Courage fördern	Einladung zur offenen Meinung
Beeil dich!	Hektik abbremsen	Realistische Ziele, Erwartung von Sorgfalt
Sei vorsichtig!	Fehlertoleranz fördern	Konstruktive Kritik, Ermutigung, Ressourcenbetonung
Inneres Kind	Selbstvertrauen stärken	Verweis auf Erfolge und Ressourcen
Innerer Kritiker	Selbstgeißelung unterbinden	Mentaltechniken gegen Gedankenrasen; Lob, Verweis auf Erfolge/Ressourcen
Streng dich an!	Burnout vermeiden	Pausen anordnen, realistische Ziele
Sei stark!	Selbstakzeptanz stärken	Fehlertoleranz, Erlauben von Pausen

Abb. 7: Wie der coachende Chef mentale Gesundheitsrisiken beim Mitarbeiter ausbalancieren kann

Eine in der Psychotherapie erprobte und im Transfer auch führungstaugliche Methode, um den o. g. Coaching-Zielen näher zu kommen, ist die lösungs- und ressourcenorientierte Kommunikation nach Steve des Shazer und Insoo Kim Berg.[110] Der Ansatz fußt auf einem positiven Menschenbild, wonach jedes Individuum die nötigen Ressourcen in sich trägt, um seine Ziele zu erreichen. Damit grenzt er sich von älteren Führungskonzepten ab, die den Mitarbeiter als mangelhaftes und bedürftiges Wesen sahen, das ohne das Wissen, die Macht und die Führung des Vorgesetzten nicht auskommen könne. Lösungs- und Ressourcenorientierung bedeutet hingegen, die Gedanken, Gefühle und Handlungen beim Mitarbeiter zu erkennen und zu verstärken, die ihn auf dem Weg zum Ziel bereits unterstützen. In einem sich verstärkenden Prozess („selbsterfüllende Prophezeiung") erhöhen sich die Chancen, dass in Zukunft mehr davon auftreten wird und das Ziel leichter oder schneller erreicht werden kann.

Der nach mit Lösungs- und Ressourcenorientierung coachende Chef zeichnet sich u. a. durch folgendes Kommunikations- und Führungsverhalten aus:

- ist feedback-freudig:
  setzt Rückmeldung nach den o. g. Regeln ein und nutzt Motivations- und Salutogenese-Chancen

- kann zuhören und lässt Mitarbeiter ausreden:
  textet den Mitarbeiter nicht zu und gibt ihm so Raum für eigene Denkprozesse; kann Pausen und ungeklärte Situationen aushalten

- lässt den Mitarbeiter nach eigenen Lösungen suchen:
  gibt nicht nicht vorschnell Ratschläge oder autoritäre Anweisungen

- geht angemessen mit Problemen und Krisen um:
  weder bagatellisieren/verdrängen noch dramatisieren („Psychoterror" beim kleinsten Fehler)

- führt mit (offenen) Fragen:
  Mitarbeiter: „Ich habe Bedenken." – Chef: „Gegenüber was?"

- kitzelt Ressourcen hervor:
  Mitarbeiter: „Das kann ich nicht." – Chef: „Aber dieser Aspekt X gelingt Ihnen doch schon gut. Wie genau machen Sie das?"

- fokussiert die Lösung:
  Mitarbeiter: jammert und ist pessimistisch – Chef: „Was wollen/werden Sie stattdessen …? Und wie können Sie das erreichen?" Die coachende Führungskraft stilisiert Pannen nicht zu Katastrophen und sieht in Fehlern eine Lernchance.

- betont Ausnahmen:
  Mitarbeiter: „Immer passiert mir das." – Chef: „Wann läuft es anders? Wie kommt es, dass es da anders läuft?"

- führt ohne Präsenzpflicht, Kontrollsysteme oder Meetingrituale:
  entscheidend ist das Ergebnis und nicht die Anwesenheit oder Verfügbarkeit des Mitarbeiters

- delegiert konsequent und duldet keine Rückdelegation:
  Bei Problemen erhält der Mitarbeiter Unterstützung, die Verantwortung für die delegierte Aufgabe bleibt aber bei ihm

- hat weder Herrschaftswissen noch Herrschaftskontakte:
  In letzter Konsequenz strebt eine solche Führungskraft an, das die Abteilung auch ohne sie läuft. Spezialisten im Team können sogar höher qualifiziert und besser bezahlt sein als der Chef.

- ist kein Elternersatz, sondern praktiziert „Führen durch Fördern und Fordern“:
  Die coachende Führungskraft ist nicht immer ansprechbar, nicht immerzu verständnisvoll und stützend, putzt nicht automatisch die Fehler der Mitarbeiter aus, entlastet jammernde Mitarbeiter nicht automatisch von Aufgaben usw. All das entmündigt die Mitarbeiter und schwächt ihre Ressourcen.

- garantiert eine angstfreie Kommunikations-Kultur:
  Auffordern zu offener Meinung und dann Kritik hart abstrafen – das kommt für die coachende Führungskraft nicht in Frage. Sie holt sich im Gegenteil aktiv Rückmeldung ein – über operative Verbesserungspotenziale und ihr eigenes Führungsverhalten.

- gönnt anderen ihren Erfolg:
  Erfolge dürfen gefeiert und genossen werden. Und keinesfalls schmückt sich die coachende Führungskraft mit fremden Lorbeeren.

3. Schwierige Führungssituationen meistern

Führungskräfte können vor allem in schwierigen Situationen dazu beitragen, dass das Schadens- und Gesundheitsrisiko für die Mitarbeiter begrenzt wird. Deswegen sollten Sensibilisierung und Qualifikation zu folgenden Themen zur Standardausbildung von Führungskräften in einer salutogenen Unternehmenskultur gehören:

- Prävention und Bewältigung von Mobbing
- Erkennen und Unterbinden von Intrigen und übermäßigem Klatsch und Tratsch
- Prävention und Bewältigung von sexueller Belästigung oder Diskriminierung am Arbeitsplatz
- Schlichtung von Teamkonflikten
- professioneller Umgang mit psychisch belasteten oder erkrankten Mitarbeitern (s. Kapitel 3.1.5)
- Ansprechen und Bewältigen von unangemessenem Mitarbeiterverhalten (z. B. häufiges Zuspätkommen, Unzuverlässigkeit, häufige Kurzerkrankungen, Verstöße gegen die Kleiderordnung oder Körperhygiene)
- korrekte Trennung von Mitarbeitern
- Bewältigung von betrieblichen Krisensituationen, z. B. Stellenabbau

- Umgang mit Emotionen am Arbeitsplatz
- Verhalten bei persönlichen/privaten Krisen des Mitarbeiters

Checkliste für Führungskräfte und Personalmanager

✓ Herrscht in Ihrem Unternehmen eine konstruktive Feedback-Kultur oder eher die Haltung „Nicht geschimpft ist gelobt genug."?
✓ Sind Ihre Führungskräfte in Rückmeldetechniken geschult?
✓ Haben die Führungskräfte in Ihrem Unternehmen eine Coaching-Ausbildung, um Mitarbeiter lösungs- und ressourcenorientiert zu entwickeln?
✓ Sind Ihre Führungskräfte für das Erkennen schwieriger und stressfördernder Situationen wie z. B. Mobbing oder Teamkonflikte sensibilisiert und für ihre Bewältigung qualifiziert?

3.1.4 Personalentwicklung und Mitarbeitermitwirkung

Die Motivationsforschung belegt, dass Beschäftigte besonders großen inneren Antrieb daraus ziehen, wenn sie sich an ihrem Arbeitsplatz fachlich und persönlich entwickeln können und das Gefühl haben, durch eigene Mitwirkung etwas zu bewegen. Das Kriterium „Verantwortung, Mitentscheidungs-Möglichkeiten und Freiräume" landete bei einer Langzeit-Untersuchung von beruflichen Motivatoren auf Platz drei; bei Führungskräften ist es sogar der stärkste Leistungsantreiber.[111] Dieses Ergebnis bestätigt die Hypothese des Salutogenese-Konzepts, dass Mitarbeiter sich gerne für anspruchsvolle, aber handhabbare und zugleich sinnvolle und für die persönliche Entwicklung attraktive Aufgaben einsetzen – und dabei tendenziell auch noch gesund bleiben. Auf die Frage „Was sollte Ihr Unternehmen tun, um Sie an sich zu binden?" antworten über 90 Prozent der Beschäftigten mit Weiterbildung und knapp 80 Prozent mit Karriere und Aufstiegschancen. Umfassend angeboten werden solche Bindungsinstrumente jedoch nach Angaben der Beschäftigten erst von 55 Prozent (Weiterbildung) bzw. 29 Prozent (Aufstiegschancen) der Arbeitgeber.[112] Dabei sind Perspektivlosigkeit, Unterforderung und Machtlosigkeit wesentliche Risikofaktoren für Demotivation, innere Kündigung und Jobwechsel. Wenn Mitarbeiter ihren Arbeitgeber verlassen, gehören laut einer aktuellen Umfrage fachliche Unterforderung und mangelnde Förderung zu den wichtigsten Gründen.[113] Unterforderung und Perspektivlosigkeit können sogar zur Entstehung oder Eskalation psychischer Erkrankungen beitragen. Ein salutogener Führungsansatz hat sowohl bei der Personalentwicklung als auch bei der Mitarbeitermitwirkung mehrere Ansatzpunkte:

1. Mehr Weiterbildung und Persönlichkeitsentwicklung erwünscht

In einer internationalen Umfrage gaben 80 Prozent der Personalentscheider an, dass sich Mitarbeiter heute häufiger und schneller weiterbilden müssten als noch vor fünf Jahren. 65 Prozent der Befragten attestieren im gleichen Atemzug ihrem Unternehmen Schwächen, den Mitarbeitern die richtigen Entwicklungsmaßnahmen zukommen zu lassen.[114] Die Beschäftigten selbst teilen diese Kritik:

- Jeder Zweite wünscht sich von seinem Arbeitgeber mehr Unterstützung für die eigene Karriere; eine ebenso große Zahl an Beschäftigten kritisiert aber auch eine mangelhafte Personalentwicklung.[115]

- Offenbar decken noch nicht einmal besonders hart vom Fachkräftemangel betroffene Branchen derzeit den Entwicklungsbedarf ihrer Mitarbeiter: Über 55 Prozent der technischen Fach- und Führungskräfte aus Fahrzeugindustrie, Maschinen- und Anlagenbau, Kunststoffindustrie, Chemie/Pharma, Energie, Landtechnik und Bautechnik wünschen sich mehr Angebote zum lebenslangen Lernen. Angebot und Nachfrage klaffen vor allem bei der Schulung sozialer, personaler und unternehmerischer Kompetenz auseinander.[116]

- Knapp die Hälfte der Arbeitnehmer ist zudem davon überzeugt, dass der eigene Chef nichts über ihre Karriere- und Entwicklungsziele wisse. Zudem haben Mitarbeiter den Eindruck, dass 40 Prozent der Chefs die Schwächen und 23 Prozent die Stärken der Angestellte nicht kennen – mithin also keine nachhaltigen Personalentwicklungsprogramme entwerfen und steuern können.[117]

- Das Gros der Beschäftigten kommt mit den Chancen auf Bildung und Persönlichkeitsentwicklung auch offenbar gut zurecht. Nur jeder zehnte Erwerbstätige fühlt sich überfordert, weil sein Arbeitgeber von ihm erwartet, sich ständig auf dem neuesten Stand zu halten.[118]

Trotz des hohen Bedarfes und zahlreicher wissenschaftlicher Nachweise über die Wichtigkeit von Weiterbildung blieb jedoch die Beteiligung an betrieblicher Weiterbildung in den letzten Jahren in Deutschland für mittlere und ältere Jahrgänge auf zu niedrigem Niveau konstant (23 bzw. 33 Prozent), die der jüngeren Beschäftigten sank sogar von 27 auf 20 Prozent.[119]

2. Lebensphasenorientierte Personalentwicklung schützt vor Überforderung

Traditionell investieren Unternehmen in die Entwicklung ihrer Mitarbeiter, wenn diese zwischen 25 und 45 Jahren alt sind. In vielen Unternehmen gibt es für die Karriere Zeitfenster, die sich irgendwann schließen. In jüngster Zeit aber rückt der Ansatz der lebensphasen- oder lebensereignisorientierten Personalentwicklung in den Fokus von Führungskräften und Personalverantwortlichen. Man erkennt, dass in den mittleren Jahrzehnten Mitarbeiter in der Regel auch die meisten privaten und persönlichen Herausforderungen zu meistern haben (Familiengründung, Trennung, Patchwork-Familien, Vermögensbildung u. v. m.). Dies kann in Verbindung mit großen beruflichen Entwicklungsschritten zu einer chronischen Überforderung oder Zielkonflikten führen. Nicht umsonst geben in Stress-Studien die mittleren Jahrgänge regelmäßig die höchsten Belastungswerte an.

Immer mehr Unternehmen gehen deshalb dazu über, Lebensereignisse und Biografiezyklen in die Personalentwicklung einzubeziehen, um so betriebliche Belange und individuelle Herausforderungen auszubalancieren. Prinzipiell geht es darum, Mitarbeitern unabhängig von ihrem Alter Entwicklungsschritte und Leistungssteigerungen zuzutrauen.[120] Ein weiterer Trend hin zu salutogener Personalentwicklung ist der Ausbau der Fachlaufbahnen. Nicht jeder kann oder will die in der Regel zeitlich und menschlich anspruchsvollere Führungskarriere einschlagen. Deswegen werten immer mehr Unternehmen neben der vertikalen auch die horizontale Karriere auf.

3. Personalentwicklung auch für ältere Mitarbeiter sinnvoll

Der demografische Wandel und der Fachkräftemangel rückt ältere Beschäftigte zunehmend in den Fokus der Personalentwickler. Das Stichwort lautet Age Management und umschreibt Strategien, die dazu dienen, eine Arbeitsumgebung zu schaffen, in der der Arbeitnehmer seine Ressourcen mobilisieren und abrufen sowie weiterentwickeln kann, ohne durch sein Alter diskriminiert zu werden.[121] Rückenwind bekommt dieser Trend von wissenschaftlichen und praktischen Erkenntnissen, die die in der verbreiteten „Defizithypothese“ zusammengefassten Vorurteile gegenüber älteren Beschäftigten widerlegen:

- Ältere sind fachlich wertvoll: Ältere Mitarbeiter erbringen sogar besonders gute Leistungen, wenn sie mit jüngeren Kollegen zusammenarbeiten. In solchen altersgemischten Teams arbeiten auch die Jüngeren besser, weil sie von der langen Berufserfahrung der älteren Kollegen profitieren.[122] Beispiel: In 111 Finanzämtern wurde die Zeit erfasst, die unterschiedliche Teams brauchten, um Steuererklärungen zu bearbeiten. Gruppen, die sich aus alten und jungen Beamten zusammensetzten, waren im Durchschnitt schneller, als wenn nur Alte oder nur Junge tätig waren. Besonders bei komplizierten Anträgen lieferten gemischte Teams Höchstleistung.[123]

- Ältere sind robust: Junge Arbeitnehmer fehlen doppelt so häufig wie ältere Kollegen. Allerdings sind sie in der Regel nicht so lange krankgeschrieben.[124] Auch unser gesellschaftliches Altersbild ändert sich: Auf die Frage „Wenn sie ans Alter denken, was fällt ihnen da als erstes ein?“ antworten 31 Prozent einer repräsentativen Bevölkerungsgruppe „Reisen und Hobbys“ und nur neun Prozent „Krankheit“.[125] Die Alterswissenschaft belegt, dass kalendarisches und biologisches Alter zunehmend auseinander fallen und wir von Generation zu Generation von fünf bis acht Jahren biologischer Verjüngung profitieren.[126]

- Ältere sind produktiv: Das Zentrum für Europäische Wirtschaftsforschung (ZEW) belegt auf Basis der Daten von fast sieben Millionen Beschäftigten und rund 8.500 Betrieben, dass ältere Angestellte nicht weniger produktiv sind als Jüngere. Um dieses Potenzial zu nutzen, müssen Firmen Älteren allerdings die richtige Unterstützung bieten, etwa eine altersspezifische Ausstattung der Arbeitsplätze mit besserer Beleuchtung oder kontrastreicheren Bildschirmen oder eine Zuweisung von Tätigkeiten, die große Erfahrung voraussetzt. Beispiel: Der Autobauer BMW hat in seinem Dingolfinger Werk eine Produktionslinie von einem Team betreuen lassen, das eine Altersstruktur hatte, wie sie für 2017 prognostiziert wird. Die „Senioren-Linie“ war genauso effizient wie eine Produktionslinie mit jüngeren Mitarbeitern.[127]

- Ältere sind persönlich gefestigt und motiviert: Der Organisations- und Wirtschaftspsychologe der Universität Münster, Prof. Dr. Guido Hertel, kann nach Auswertung von fast 40.000 Datensätzen belegen, dass ältere Arbeitnehmer stressresistenter, erfahrener und teamorientierter sind, dass sie ihr Wissen gerne an jüngere Kollegen weitergeben ("Generativitätsmotiv"), ihre Emotionen bei der Arbeit besser im Griff haben und nicht veränderungsresistenter sind als Jüngere. Allerdings brauchen Ältere zur Nutzung all ihrer Potenziale einen respektvollen und würdigen Umgang mit Kollegen und Vorgesetzten. Anders als Jüngere nehmen sie Einschränkungen und Repressionen nicht mehr einfach in Kauf.[128] Sinnempfinden und Mitwirkungsmöglichkeiten, Respekt und Wertschätzung korrelieren auch mit der Bereitschaft älterer Beschäftigter, länger im Beruf zu bleiben statt eine Frühverrentung anzustreben.[129]

- Ältere können und wollen lernen: Die Hirnforschung widerlegt unter dem Fachbegriff „Neuroplastizität“ die vermeintliche Volksweisheit „Was Hänschen nicht lernt, lernt Hans nimmermehr.“ So haben Wissenschaftler beispielsweise herausgefunden, dass der Mensch im Prinzip das ganze Leben lang Neues lernen kann, z. B. komplizierte Bewegungen in einer Sportart, Jonglieren, Autofahren oder eine Fremdsprache. Eine großangelegte Demografiestudie belegt, dass Junge und Ältere keine signifikanten Unterschiede bei der Lernbereitschaft, der Lernkompetenz, der Kreativität und dem innovativen Arbeitsverhalten aufweisen.[130] Allerdings: Ältere lernen nicht mehr wie Jüngere „so nebenbei“ und durch spielerisches Ausprobieren. Menschen ab einem gewissen Alter profitieren von systematischer, strukturierter Fähigkeitenvermittlung, regelmäßigem Üben und dem Gefühl, etwas Sinnvolles zu tun.[131] Noch gibt es in den wenigsten Unternehmen solche altersgerechte Weiterbildung – nicht zuletzt wohl, weil die Mehrzahl der befragten Arbeitgeber ältere Mitarbeiter fälschlicherweise für weniger lernmotiviert, flexibel geistig fit hält als Jüngere. Die große Mehrheit von 82 Prozent der älteren Mitarbeiter wünscht sich indes maßgeschneiderte Entwicklungs- und Lernangebote, 74 Prozent freuen sich sogar noch auf einen Einsatz bei herausfordernden Entwicklungsprojekten und Verbesserungsprozessen.[132] Durch mehr Qualifizierung Älterer ließe sich eine Aktivierungsrendite von 97,5 Milliarden Euro bis zum Jahr 2030 erzielen. Bis zum Jahr 2035 beläuft sich die Rendite einer konsequenten Aktivierung älterer Beschäftigter sogar auf knapp 141 Milliarden Euro.[133]

Trotz all dieser Argumente beschäftigen sich erst unter 20 Prozent der Unternehmen intensiv und knapp 40 Prozent der Unternehmen etwas mit Age Management.[134] Erst gut ein Viertel der deutschen Unternehmen bemüht sich aktiv darum, ältere Mitarbeiter an den Betrieb zu binden. Zu den entsprechenden Maßnahmen gehören vor allem flexible Arbeitszeiten und der Versuch, das Aufgabengebiet an die Bedürfnisse der Älteren anzupassen. Meist werden dabei stressige oder körperlich anstrengende Arbeiten reduziert. Jeder dritte Betrieb, der sich gezielt um die älteren Semester kümmert, schafft eigens altersgerechte Arbeitsplätze. Zu den Instrumenten gehören außerdem finanzielle Anreize, Teilzeitmodelle und Fortbildungsprogramme. [135] Als Argumente gegen eine gezielte Förderung Älterer führen Unternehmen zu wenig Bewerbungen von Älteren, zu hohe Lohnvorstellungen und Arbeitskosten sowie Probleme bei eventuell erforderlicher Verkleinerung der Belegschaft ins Felde. [136]

4. Die hohen Erwartungen Jüngerer erfüllen

Vorgesetzte und Personalchefs berichten seit Jahren, dass ein Kulturwandel in den Unternehmen stattfindet. Während frühere Generationen noch tendenziell reaktiv darauf warteten, welche Entwicklungs- und Mitwirkungsangebote ihr Arbeitgeber ihnen machte, treten junge Menschen heute oft mit einem dezidierten Forderungskatalog ins Berufsleben ein. Je besser ausgebildet und somit attraktiver sie für ihre Unternehmen sind, desto klarer formulieren sie ihre Erwartungen. Die „Wunschliste der Millennials“ spiegelt sehr viel von dem wider, was die Salutogenese-Forschung für gesunde Mitarbeiter- und Unternehmensführung empfiehlt:

„Mein Chef

- Hilft mir, meinen beruflichen Weg zu finden
- Erteilt ehrliches Feedback
- Ist Mentor und Coach für mich
- Empfiehlt mich für offizielle Personalentwicklungsprogramme
- Hat kein Problem mit flexibler Zeitplanung

Mein Unternehmen

- Vermittelt mir Fähigkeiten für die Zukunft
- Hat starke Wertvorstellungen
- Bietet flexible Vergütungspakete, die ich meinen Bedürfnissen anpassen kann
- Ermöglicht mir, die Arbeit optimal mit meinem Privatleben abzustimmen
- Bietet klare Entwicklungsgmöglichkeiten

Weiterbildung verhilft mir zu

- Fachwissen in meinem Bereich
- Selbstmanagement und produktivem Arbeiten
- Führungskompetenz
- Branchen- oder funktionsbezogenem Wissen
- Kreativen und innovativen Strategien“[137]

5. Den Mitarbeiter als Kunden behandeln

Kundenbefragungen sind in vielen Unternehmen selbstverständlich, und auch die Meinung von Journalisten und Analysten wird von vielen Unternehmen regelmäßig erhoben. Gleichermaßen sollten die Mitarbeiter in regelmäßigen Abständen nach ihren Wünschen und Befindlichkeiten befragt und die Ergebnisse dann auch nachvollziehbar umgesetzt werden. Eine anonyme Mitarbeiterbefragung mindestens alle zwei Jahre gibt den Beschäftigten die diskrete Möglichkeit, der Unternehmensleitung Rückmeldung zu den verschiedensten Themen zu geben. Eine auf Gesundheitsthemen fokussierte Mitarbeiter-Befragung kann beispielsweise der Auftakt für die Einrichtung eines Betrieblichen Gesundheits-Managements sein. Als Nullpunkt-Messung gibt sie Aufschluss darüber, wie die Mitarbeiter ihr Stress- und Belastungsniveau empfinden, wie sie die Führungs- und Kommunikationsqualität einschätzen und welchen Präventions- und Optimierungsbedarf sie haben. Für das Management sind solche Befragungen ein wertvoller Fundus – allerdings nur, wenn die von den Beschäftigten angemerkten Missstände auch angepackt und zeitnah Vollzugsmeldungen kommuniziert werden. Spätere Umfragen können Grundlage für die Evaluierung getroffener Maßnahmen sein. Mitarbeiter-Mitwirkung kann außerdem durch einen Betriebsrat oder eine neutrale Ombuds-/Schiedsstelle für Konflikte gestärkt werden.

Mitwirken kann nur, wer seine Meinung äußern darf. Der Wert von Vorgesetzten-Feedback für Motivation und gesunde Leistung ist unumstritten. Noch nicht im selben Maße beschritten wird der umgekehrte Weg: Mitarbeiter sollten regelmäßig Gelegenheit haben, ihrem Vorgesetzten Rückmeldung zu geben. Dies bedient den empirisch belegten Zufriedenheitsfaktor „Meine Meinung ist gefragt.“ 79 Prozent der Beschäftigten wünschen sich, nicht nur von ihrem Chef bewertet zu werden, sondern diesem ihrerseits auch qualifiziertes Feedback geben zu dürfen.[138] Führungskräfte sollten daher Jahresgespräche bzw. Zielgespräche nicht nur nutzen, um dem Mitarbeiter einen Spiegel vorzuhalten, sondern die Beschäftigten aktiv um eine Bewertung der Vorgesetzten-Leistung bitten. Die Ausbaustufe wäre ein institutionalisiertes 360-Grad-Feedback, bei dem Führungskräfte nicht nur von ihrem eigenen Vorgesetzten, sondern auch von ihrem Team bewertet werden. Dieses Instrument ist in deutschen Unternehmen noch die Ausnahme, wodurch wertvolle Ansatzpunkte für die Verbesserung von Führungsqualität und Teamentwicklung brachliegen.

Checkliste für Führungskräfte und Personalmanager

- ✓ Liegt in Ihrem Unternehmen die Weiterbildungsquote über oder unter dem Durchschnitt? Ist sie in den letzten Jahren gestiegen oder gefallen?
- ✓ Kennen Sie den Weiterbildungsbedarf und die Entwicklungswünsche Ihrer Mitarbeiter? Wie sieht beides in drei, fünf und zehn Jahren aus?
- ✓ Nehmen sich die Vorgesetzten in Ihrem Unternehmen genug Zeit für eine systematische und individuelle Personalentwicklung ihrer Mitarbeiter?
- ✓ Bekommen Chefs dafür professionelle Unterstützung aus der Personalabteilung?
- ✓ Haben Sie in Ihrem Unternehmen Ansätze für eine lebensphasen- oder lebensereignisorientierten Personalentwicklung? Oder investieren Sie traditionell nur in die Entwicklung von Mitarbeitern bis zu einem Alter von etwa 45 Jahren?

- ✓ Gibt es in Ihrem Unternehmen attraktive Fachlaufbahnen? Oder funktioniert Karriere nur über die Führungsverantwortung?
- ✓ Wie stellen Sie sicher, dass bei Stellenbesetzungen Ältere nicht diskriminiert werden?
- ✓ Bieten Sie Ihren Beschäftigten ein Betriebliches Gesundheitsmanagement zur Unterstützung der Leistungsfähigkeit in jedem Alter?
- ✓ Haben Sie Ansätze für Qualifikation- und Kompetenzentwicklung in jedem Alter (lebenslanges Lernen)?
- ✓ Bieten Sie eine altersgerechte Arbeitsorganisation (Gestaltung von Arbeitsplatz und Arbeitsabläufen)
- ✓ Wie stellen Sie das Wissensmanagement und den Übergang von Know-how zwischen den Generationen sicher (z. B. mit Paten- und Mentoringprojekten)?
- ✓ Arbeitet Ihr Unternehmen aktiv an einem Bewusstseins- und Einstellungswandel in Bezug auf Altersbilder?
- ✓ Kennen und bedienen sie die Erwartungen jüngerer Mitarbeiter an einen attraktiven Arbeitgeber?
- ✓ Führen Sie regelmäßig anonyme Mitarbeiterbefragungen durch, u.a. auch mit Gesundheitsthemen?
- ✓ Werden die von den Beschäftigten angemerkten Missstände auch angepackt und zeitnah Vollzugsmeldungen kommuniziert?
- ✓ Gibt es in Ihrem Unternehmen einen Betriebsrat oder eine neutrale Ombuds-/Schiedsstelle für Konflikte?
- ✓ Fordern die Führungskräfte in den Jahresgesprächen bzw. Zielgesprächen aktiv eine Bewertung der Vorgesetzten-Leistung durch den Mitarbeiter ein?
- ✓ Gibt es in Ihrem Unternehmen ein institutionalisiertes 360-Grad-Feedback für Führungskräfte?

3.1.5 Führen von auffälligen bzw. erkrankten Mitarbeitern

Neun von zehn Personalmanagern geben an, dass es in ihrem Unternehmen psychisch beanspruchte Mitarbeiter mit auffälligem Arbeitsverhalten gibt, und eine ebenso große Zahl hat beobachtet, dass sich in den letzten Jahren die Fehlzeiten wegen psychischer Belastungen erhöht haben. Mit einem weiteren Anstieg der Krankmeldungen aufgrund von seelischen Störungen rechnen 83 Prozent der Personalmanager.[139]

Doch auch wenn Mitarbeiter bereits auffällig geworden oder erkrankt sind, haben Unternehmen noch Chancen, die Belastung für sich und den Betroffenen zu begrenzen und Optimierungsansätze für die Zukunft abzuleiten.[140] Ein systematisches Fall-Management trägt auf vielfältige Weise dazu bei, dass der betroffene Mitarbeiter wieder zu alter Leistungsfähigkeit zurückfindet und in der Zwischenzeit die Folgen für Führungskraft und Kollegen sowie das Unternehmen als Ganzes nicht zu negativ werden. Ein professionelles Fall-Management zeichnet sich dadurch aus, dass

- Vorgesetzte bei ernsten Anzeichen einer psychischen Belastung das Gespräch mit dem Mitarbeiter suchen. Was selbstverständlich klingt, ist es nicht: In 89 Prozent der Unternehmen gibt es regelmäßige Personalgespräche, psychische Belastungen sind aber nur in 17 Prozent der Unternehmen fester Bestandteil der Agenda.[141]

- Personalabteilung und/oder Vorgesetzter Kontakt zum Mitarbeiter während der Erkrankung halten, so er/sie es zulässt

- bei ambulanter Langzeittherapie (z. B. Psychotherapie) bei Zustimmung des Mitarbeiters eine Abstimmung mit den behandelnden Therapeuten erfolgt, um arbeitsplatzbedingte Risikofaktoren zu minimieren (Art und Umfang der Tätigkeit, Team-Verhältnis, Verhältnis Mitarbeiter/Vorgesetzter usw.)

- nach stationärer Behandlung eine systematische Wiedereingliederung mit Rückkehrgespräch, Wiedereingliederungsplan usw. erfolgt, weil diese das Risiko einer erneuten Erkrankung reduziert

Bei vielen Führungskräften ist der Umgang mit psychisch belasteten Mitarbeitern widerstands- und tabubehaftet. Dabei bedarf es, um psychisch belastete Mitarbeiter professionell zu führen, keiner neuen, anderen, speziellen Führungs- und Kommunikationsinstrumente. Es bedarf jedoch des Mutes, der Konsequenz, der Empathie und der Abgrenzungsfähigkeit des Vorgesetzten – Vorgesetzte stehen mithin also weniger vor einer organisatorischen als einer menschlichen Herausforderung, die reifen Führungspersönlichkeiten leichter fällt als unsicheren. Diese Ansatzpunkte helfen Chefs beim Führen psychisch belasteter Mitarbeiter.

1. Solides Basiswissen über psychische Störungen (Psychoedukation)

Führungskräfte, die adäquat mit psychisch belasteten Mitarbeitern umgehen wollen, brauchen solides Basiswissen zu den gängigsten Störungen. Eine ausreichende, in speziellen Schulungen zu vermittelnde Psychoedukation ist unerlässlich, damit Vorgesetzte zunächst unerklärliche scheinende Veränderungen im Sozial- und Leistungsverhalten der Mitarbeiter einordnen, typische Symptome erkennen und die spezifischen Belastungen durch eine Erkrankung ermessen können.

Unter einer psychischen Störung versteht man das häufige, intensive und mitunter lang anhaltende Abweichen des Denkens, Fühlens und Verhaltens von der gesellschaftlichen Norm und dem bis dahin üblichen Auftreten der Person. Fünf verbreitete Störungen treten mit einer gewissen Wahrscheinlichkeit auch am Arbeitsplatz auf[142]:

- Depression: Darunter versteht eine phasen- oder dauerhafte, erheblichen Störung der Gemütsverfassung. Die Depression ist die häufigste psychische Erkrankung. Das Bundesgesundheitsministerium schätzt, dass vier Millionen Deutsche betroffen sind und es zusätzlich eine sehr hohe Dunkelziffer gibt. Bei Frauen werden Depressionen doppelt so oft diagnostiziert wie bei Männern; Männer kompensieren depressive Symptome oft mit Substanzmissbrauch (Alkohol) oder exzessivem Verhalten (übermäßiger Sport, Computerspiele, sexuelle Aktivitäten). Man schätzt, dass jeder zweite Suizid auf eine Depression zurück geht, und dass 20 bis 60 Prozent der depressiv Erkrankten einen Suizidversuch begehen. Die Depression hat als Leitsymptom die traurige, gedrückte, pessimistische Stimmung. Die Erfüllung der üblichen persönlichen, sozialen und beruflichen Aktivitäten ist mehr oder weniger beeinträchtigt oder gar nicht mehr möglich. Im Berufsalltag fallen depressive Menschen durch Unsicherheit, höhere Fehlerquoten, Motivationsschwäche, Gefühlsausbrüche (weinen) und allgemein niedrigere Belast- und Begeisterbarkeit auf. Bei den Therapieansätzen unterscheidet man zwischen Akut-Therapie (in schweren Fällen wegen Suizidgefahr stationäre, mitunter sogar geschlossene Unterbringung), Erhaltungs-Therapie (sechs bis zwölf Monate) und rückfallprophylaktische Therapie (Jahre bis lebenslang). Die Depressions-Behandlung besteht in der Regel aus Medikamenten (Antidepressiva) und Psychotherapie.

- Burnout: Burnout gilt derzeit formal noch nicht als psychische Störung, sondern laut Klassifikation der Weltgesundheitsorganisation als Problem der Lebensbewältigung („Ausgebranntsein"). Es wird aber erwartet, dass der Burnout mittelfristig ist die Kategorie der psychischen Störungen überführt wird. Das Krankheitsbild umfasst verschiedene körperliche und seelische Leiden und wird als Zustand schwerer persönlicher Überlastung und Erschöpfung charakterisiert. Aufgrund der Schwere und Bedrohlichkeit der Erkrankung sollte man den Begriff Burnout nicht leichtfertig als Synonym für jede Form von privatem oder beruflichem Stress verwenden. Bis vor kurzem galt Burnout auch eher als Zeichen einer besonders hohen Leistungsfähigkeit, als Krankheit der Erfolgreichen. Inzwischen schärfen prominente Einzelfälle das öffentliche Bewusstsein, dass immer mehr Menschen an die Grenzen ihrer persönlichen Leistungsfähigkeit geraten und man es beim Burnout mit einem gravierenden gesellschaftlichen Problem zu tun hat. Manche Mediziner und Psychologen halten Burnout dennoch für eine unnötige bzw. Mode-Diagnose, da die wesentlichen Symptome auch anderen Krankheitsbildern zugeordnet werden könnten (etwa Depression, psychosomatische Leiden). Burnout bleibt lange unentdeckt – vom Betroffenen und von seinem Umfeld. Das Syndrom schreitet in Phasen voran: Zunächst ist da der Drang, sich selbst und anderen etwas beweisen zu wollen, der sich in extremem Leistungsstreben zeigt. Es folgen die Vernachlässigung persönlicher Bedürfnisse und sozialer Kontakte bis hin zu Verleugnung der Probleme, Rückzug und Vermeidung sozialer Kontakte. Beim voll eskalierten Krankheitsbild spürt der Mensch innere Leere, Depression und hat u. U. Selbstmordgedanken. Schwere körperliche Symptome wie Schlafstörungen, Blackouts, Schmerzen oder Herzbeschwerden kommen hinzu. Im Berufsalltag zeigt sich fortgeschrittener Burnout durch erhöhte Fehlerquoten, Leistungsabfall, Gefühlsausbrüche, Verweigerungshaltung, Konzentrationsschwäche, Streitsucht oder Apathie, Rückzug und mangelnde Motivation. Die Therapie besteht zunächst aus der Behandlung der körperlichen, mitunter lebensbedrohlichen Symptome. Diese erfolgt in der Regel stationär, bei Selbstmordgefahr auch in der geschlossenen Unterbringung. Danach schließt sich meist ein mehrwöchiger bis mehrmonatiger Reha-Aufenthalt an, der Psychotherapie sowie das Erlernen von Selbst-Achtsamkeit und Selbst-Management zum Inhalt hat.

- Angststörungen und somatoforme Störung: Diese Krankheitsbilder werden auch als neurotische Belastungsstörungen bezeichnet. Ihnen ist gemeinsam, dass eine psychische oder körperliche Symptomatik vorliegt, die nicht primär durch eine organische Ursache oder eine andere psychische Erkrankung erklärt werden kann. Unter Angststörungen versteht man Krankheitsbilder, die durch unterschiedliche Erscheinungsformen von Angst geprägt sind. Als Störung wird Angst verstanden, wenn sie nicht mehr ihre natürliche Warn- und Schutzfunktion übernimmt, sondern krankhafte Züge annimmt, weil keine reale Bedrohung existiert. Man unterscheidet zwischen Panikstörung (= situationsunabhängiger Angstanfall mit schwersten körperlichen Symptomen), Phobien (= Angst in spezifischen Situationen oder gegenüber spezifischen Gegenständen/Lebewesen) und generalisierter Angststörung (= andauernder Zustand ständiger Besorgnis mit multiplen Angstobjekten/-anlässen). Angststörungen gehen sowohl mit körperlichen als auch psychischen Symptomen einher, werden oft erst nach jahrelangem Leiden behandelt und führend zu erheblichen Beeinträchtigungen von Leistungsfähigkeit und Lebensqualität. Im Berufsalltag fallen angsterkrankte Menschen durch Unsicherheit, Vermeidungsverhalten bis hin zur Arbeitsverweigerung, höhere Fehlerquoten, Gefühlsausbrüche (zittern, weinen) und allgemein niedrigere Belast- und Begeisterbarkeit auf. Die Behandlung von Angststörungen mit Psychopharmaka ist äußert problematisch, da Benzodiazepine („Tranquilizer" wie Valium oder Tavor) sowie viele Schlafmittel innerhalb weniger Wochen süchtig machen. Heilung bzw. Zustandsverbesserung kann auf Dauer nur eine Psychotherapie bewirken. Kennzeichen der somatoformen Störung ist das Vorliegen einzelner oder mehrerer körperlicher Beschwerden, die nicht ausreichend organisch erklärt werden können. Begrifflich unterscheidet man zwischen dem Körperbereich, auf den sich die Befindlichkeiten konzentrieren (z. B. Herzneurose, Magenneurose, psychogener Reizdarm, psychogener Husten, somatoforme Schmerzstörung/Psychalgie). Die Betroffenen fordern trotz negativer Befunde hartnäckig immer weitere Untersuchungen und neigen zum Doctor-Hopping. Zum Störungsbild gehört auch die übermäßige Sorge, zu erkranken oder erkrankt zu sein sowie übermäßiges Leiden an den Symptomen, das bei neutraler Betrachtung nicht nachvollziehbar ist. Hinzu kommt oft aufmerksamkeitssuchendes Verhalten durch Jammern und Klagen.

- Sucht (hier: Alkoholismus): Alkoholismus gehört zu den stoffgebundenen Abhängigkeiten, genauso wie Heroin-, Hasch-, Tabletten- und Esssucht. Nicht stoffgebundene Abhängigkeiten beziehen sich beispielsweise auf Glücksspiel, Sex („Nymphomanie"), Arbeit („Workaholic"). Man unterscheidet bei Alkoholismus zwischen der Vorstufe (Missbrauch bzw. schädlicher Gebrauch mit realer Gesundheitsschädigung) sowie der psychischen Abhängigkeit (starkes, unwiderstehliches Verlangen, „Craving") und der physischen Abhängigkeit (körperliche Toleranzentwicklung, Entzugssymptome). In Deutschland gehört Alkoholismus zu den häufigsten psychischen Erkrankungen; auf ihn entfallen 70 Prozent aller Suchtdiagnosen. Schätzungen zufolge haben zehn Millionen Menschen ein riskantes Konsumverhalten, zwei Millionen befinden sich in der Vorstufe des schädlichen Gebrauchs und weitere zwei Millionen sind abhängig – davon etwa doppelt so viele Männer wie Frauen. Bis zu 75.000 Personen sterben jährlich direkt oder indirekt (z. B. durch einen alkoholverursachten Unfall) an dieser Droge. Entgegen einem verbreiteten Vorurteil kann ein Alkoholiker - je nach Form seiner Suchterkrankung - jahrelang unerkannt an seinem Arbeitsplatz tätig sein. Denn mancher Alkoholiker-Typ trinkt überwiegend im Privatleben und ist zur Abstinenz fähig. Schwere Alkoholiker weisen eindeutige, auch für den Laien erkennbare Symptome auf, darunter reduzierter Allgemeinzustand, Gewichtsabnahme, gerötete Gesichtshaut, vermehrtes Schwitzen, „Fahne" und „Lallen". Am Arbeitsplatz fallen Alkoholiker zusätzlich durch Leistungsabfall, Konzentrationsschwäche, Reizbarkeit oder Apathie, höhere Fehlerquoten, Streitsucht, häufige Kurz-Pausen mit Entfernung vom Arbeitsplatz und häufige

Krankmeldungen am Montag auf. Die Alkoholtherapie ist sehr klar umschrieben und standardisiert. Sie durchläuft folgende Phasen: Kontaktphase (Arztpraxis oder Beratungsstelle), Entgiftungsphase (Klinik), Entwöhnungsphase (Sucht-Rehaklinik), Nachsorgephase (niedergelassener Arzt, Beratungsstelle und/oder Selbsthilfegruppe). Die Prognose bei Alkoholismus ist sehr ungünstig: Nach fünf Jahren sind 50 bis 80 Prozent der Betroffenen rückfällig geworden. Der Arbeitgeber kann zum Langzeiterfolg beitragen, indem er beispielsweise die Rückfallgefahr durch strenge Regeln zum Alkoholkonsum am Arbeitsplatz („Geburtstagsumtrunk") mindert.

2. Klare Regeln im Umgang mit psychisch belasteten Mitarbeitern

Beim adäquaten Umgang von Vorgesetzten mit psychisch belasteten Mitarbeitern gibt es fünf Kardinalregeln, die ein verantwortungsvolles Unternehmen seinen Führungskräften in speziellen Schulungen nahebringen sollte:

1. Vorgesetzte sind keine Therapeuten bzw. Ärzte und sollten sich vorschnelle Diagnosen sowie (pseudo-)therapeutische Interventionen (z. B. mit einem phobischen Mitarbeiter das Aufzugfahren üben) strikt untersagen.

2. Ohne Coaching-Ausbildung sollten sie auch keine Krisen- oder Lebensberatung versuchen, sondern den Mitarbeiter in kompetente Hände überleiten.

3. Der Mitarbeiter ist nicht verpflichtet, persönliche und private Informationen offenzulegen und sollte auch nicht dazu gedrängt werden.

4. Führungskräfte sollten sich von übermäßigen Schuldgefühlen befreien, der Arbeitsplatz alleine hätte den Mitarbeiter in diese Situation gebracht. Das ist – wie oben in Kapitel 2.1.2 anhand des Vulnerabilitäts-Stress-Modells erläutert – meist nicht der Fall.

5. Chefs sollten im Umgang mit psychisch belasteten Mitarbeitern klar auf ihre Rolle achten: Sie sind nicht Freund, Kumpel, Partnerersatz, Seelsorger o. ä., sondern Führungskraft. Das verlangt nach einem entsprechend respektvoll-empathischen und zugleich professionell-distanzierten Umgangston.

3. Fördern und fordern – die Führung psychisch belasteter Mitarbeiter

Der adäquate Umgang mit psychisch belasteten Mitarbeitern bewegt sich im gleichen Spannungsfeld wie der Umgang mit gesunden Beschäftigten. Einerseits ist der Mitarbeiter bestmöglich zu fördern, dies umfasst u. a.:

- Wahrnehmen seiner aktuellen Situation, Leistungsfähigkeit und Befindlichkeit
- Anpassen der Aufgaben und Leistungserwartungen an das aktuelle Leistungsvermögen („leidensgerechter Arbeitsplatz")
- Abstellen betriebsbedingter Belastungsfaktoren, soweit dies möglich ist

- Bemühen um bestmögliche Rahmenbedingungen in der spezifischen Situation
- Unterstützungsangebote der Führungskraft: Gespräch, Zuhören, Beratung, Überleitung zu internen (z. B. Betriebsarzt) und externen Hilfen (z. B. Therapie im Rahmen einer Employee Assistance, s. Kapitel 3.2.4)
- Schutz vor Druck, Mobbing, Ausgrenzung durch Kollegen

Andererseits hat die Führungskraft in Ausübung ihrer gesamtunternehmerischen Verantwortung auch die Pflicht und das Recht, den erkrankten Mitarbeiter zu fordern. Dazu gehört u. a., dass der Mitarbeiter:

- sich nach seinen Kräften dafür einsetzt, seine arbeitsvertraglichen Pflichten (perspektivisch) wieder zu erfüllen
- die aktuelle Problematik (z. B. Leistungsabfall, verändertes Sozialverhalten, Irritation bei Kollegen und Kunden) anerkennt
- betriebsbedingte Belastungsfaktoren benennt, damit die Führungskraft Ansatzpunkte für Veränderungen/Verbesserungen hat
- Veränderungen im eigenen Verhalten am Arbeitsplatz (z. B. Aufgaben abgeben bei chronischer Überforderung) reflektiert und umsetzt
- sich eigenverantwortliche Information über Beratungsstellen, Selbsthilfegruppen, Coaching-Angebote verschafft und diese zeitnah in Anspruch nimmt (bei leichteren Erkrankungen)
- sich eigenverantwortlich in eine ambulante Therapie begibt oder einen stationären Klinikaufenthalt absolviert (bei mittleren und schweren Fällen)

Ein Stufenmodell zum Umgang mit psychisch belasteten Mitarbeitern, das den Ansatz von „fördern und fordern" berücksichtigt, hat der Bundesverband der BKK-Krankenkassen zusammen mit dem Bundesverband der Angehörigen psychisch Kranker e.V. (BApK) entwickelt. Es trägt den Titel HILFE – das sind die Anfangsbuchstaben der fünf Phasen:

1. Hinsehen: Eine verantwortungsvolle Führungskraft sollte der mentalen Befindlichkeit des einzelnen Mitarbeiters regelmäßig Aufmerksamkeit schenken und nicht aus Scham, Tabuempfinden, Hartherzigkeit, Ängsten, Desinteresse o. ä. wegsehen. Dazu benötigt der Vorgesetzte in seinem Aufgabenmix ausreichend Zeit für Führungsaufgaben. Zum Hinsehen gehört aber auch, dass sich Führungskräfte kritisch mit ihrer eigenen Befindlichkeit und einer möglichen Mitverantwortung für die problematische Situation eines Mitarbeiters auseinandersetzen.

2. Initiative ergreifen: Die einzig richtige Initiative beim Verdacht auf eine psychische Erkrankung des Mitarbeiters ist es, zügig den Kontakt zu suchen. Das Erstgespräch sollte nicht bis zum nächsten turnusmäßigen Review-Termin aufgeschoben werden. Das Hinauszögern einer Klärung bedeutet meist Leidensverlängerung für den betroffenen Mitarbeiter. Wegschauen und Aufschieben schüren außerdem Frust, Verunsicherung und Enttäuschung bei den übrigen Teammitgliedern. Das Ignorieren von Problemen kann ferner zu ernsthaften Pannen, Schäden oder Reputationsverlust bei Stakeholdern des Unternehmens (z. B. Kunden) führen.

3. Leitungsfunktion wahrnehmen: Leitungsfunktion im Fall eines psychisch belasteten Mitarbeiters nimmt die Führungskraft genauso wahr wie im „Normalfall“: mit Kommunikation und Entscheidungen. Im Zentrum der Kommunikation stehen das Erstgespräch und regelmäßige Folgegespräche, in denen das o. g. Prinzip „fördern und fordern“ zur Anwendung kommt. Entscheidungen beziehen sich z. B. auf die Umstrukturierung von Aufgaben und Projekten, die vorübergehende Entlastung für den Mitarbeiter oder die Abstimmung mit der Personalabteilung und externen Stellen. In der Kommunikation mit einem psychisch belasteten Mitarbeiter ist es generell ein probates Mittel, die Motivation des Mitarbeiters zur Gesundung durch Botschaften der Wertschätzung und Wichtigkeit zu unterstützen. Ganz und gar kontraproduktiv kann das aber bei einem Menschen sein, der wegen extrem perfektionistischer, ehrgeiziger und zur Selbstausbeutung neigender Persönlichkeit in Richtung Burnout marschiert. Bis zu einer gewissen Eskalationsstufe lassen diese Beschäftigten eben gerade nicht in ihrer Leistung nach, wünschen keine Entlastung und reagieren sogar aggressiv auf entsprechende Vorschläge, fühlen sich nicht krank oder geben es nicht zu. Hier muss die Führungskraft vermeiden, in eine Anerkennungsfalle zu tappen („Was würden wir nur ohne Sie machen? Wir brauchen Sie doch. Ich bewundere Sie dafür, dass Sie immer 150 Prozent geben.“). Nötig ist vielmehr, dass die Führungskraft auf die Bremse tritt, denn der Betroffene kann es meist schon nicht mehr. Das heißt: Arbeitsorganisation verändern, Arbeitspensum prüfen, Überstunden abbauen, Entlastung schaffen, Projekte/ Aufgaben umschichten, Verpflichtung zu Pausen und Urlaub, ggf. Sonderurlaub nach Stressphasen u. v. m.

4. Führungsverantwortung: Das Erstgespräch endet mit einer Zielvereinbarung – einer Kombination aus Maßnahmen/Veränderungen des Vorgesetzten und des Mitarbeiters. In jedem Fall muss zwei bis drei Wochen später ein Folgegespräch abgehalten werden. Es folgt im Prinzip der Struktur des Erstgesprächs. Hat sich die Situation verbessert, dient es der Feinjustierung und Vereinbarung weiterer Schritte. Hat sich die Situation nicht verbessert und bleibt die Führungskraft bei ihrem Eindruck, dass der Mitarbeiter unter einer psychischen Belastung/Störung leidet, ist jetzt der Zeitpunkt gekommen, den Beschäftigten zur Aufnahme einer Therapie aufzufordern. Idealerweise ist die Führungskraft über Behandlungsmöglichkeiten und Anlaufstellen in der Region orientiert oder kann auf eine von der Personalabteilung vorgehaltene Adressliste von Therapeuten und Kliniken verweisen. Die Aufnahme einer Therapie fließt in die Zielvereinbarung am Ende des Gesprächs ein. Wegen der Versorgungsengpässe mit ambulanten kassenfinanzierten Therapieplätzen kann der Mitarbeiter realistischerweise aber nicht dazu verpflichtet werden, binnen kurzer Zeit eine Therapie zu beginnen. Rechtlich gesehen hat der Mitarbeiter Anspruch auf einen „leidensgerechten Arbeitsplatz“. Deswegen müssen Vorgesetzter und Mitarbeiter in der Wartezeit und während der ambulanten Therapie (die Monate bis mehrere Jahre dauern kann) faire Kompromisse finden und regelmäßig das Gespräch suchen. Anders bei sehr schweren Fällen psychischer Erkrankung oder bei Alkoholismus: Hier ist ein Klinikaufenthalt indiziert, der in Abstimmung mit dem Hausarzt meist kurzfristig erfolgen kann. Ist der Mitarbeiter nicht krankheitseinsichtig und therapiewillig, müssen zu gegebener Zeit arbeitsrechtliche Konsequenzen aufgezeigt werden. Die Verweigerung von Hilfsangeboten ist jedoch kein Kündigungsgrund, nur fehlende Leistung.

5. Experten hinzuziehen: Eine Führungskraft ohne Coaching-Ausbildung oder überdurchschnittliche Gesprächsführungs-Kompetenz wird sich beim Begleiten des Mitarbeiters schnell über-

fordert fühlen. Um dem Mitarbeiter bestmögliche Unterstützung zu geben und um klar in seiner eigenen Rolle zu bleiben, sollte die Führungskraft rechtzeitig Experten hinzuziehen. Den nächst höheren Vorgesetzten oder einen Personalmanager (ggf. mit Coaching- und/oder psychotherapeutischer Qualifikation) kann der Vorgesetzte aus eigenem Ermessen und auch gegen den Willen des Mitarbeiters einladen. Der Anwesenheit von Betriebsarzt, interner Sozialberatung, dem Sozialpsychiatrischen Dienst von Kommune/Landkreis, einen Arzt bzw. Therapeuten oder auch von Angehörigen muss der Mitarbeiter zustimmen.

4. Betriebliche Wiedereingliederung

Fällt ein Mitarbeiter während einer Psychotherapie und/oder eines Klinikaufenthaltes längere Zeit aus, ist bei der Rückkehr an den Arbeitsplatz eine systematische Vorgehensweise empfehlenswert. Das Sozialgesetzbuch setzt Unternehmen in die Pflicht, ein betriebliches Eingliederungsmanagement anzubieten. Ziel ist es, dass der Arbeitgeber mit dem Mitarbeiter die Gründe für die lang dauernde oder wiederholte Krankschreibung klärt und Maßnahmen zur Verbesserung der Situation entwickelt. Bei Zustimmung des Mitarbeiters können in solche Planungen auch behandelnde Therapeuten, Betriebsärzte, Betriebsräte oder andere beteiligte Personen einbezogen werden. So soll es möglichst nicht mehr zu einer weiteren Arbeitsunfähigkeit kommen und der Arbeitsplatz des Mitarbeiters erhalten bleiben. Mit einer stufenweisen Wiedereingliederung kann der Arbeitgeber dem betroffenen Mitarbeiter ermöglichen, schrittweise je nach seinem Leistungsvermögen in den Beruf zurückzukehren. Die Stufen können sich auf die Dauer der (täglichen, wöchentlichen) Arbeitszeit oder die Art der Aufgaben (z. B. zunächst nur Innendienst ohne Reisen oder Kundenkontakt) beziehen. Der behandelnde Therapeut gibt hierzu eine Empfehlung, Betriebsarzt oder der Medizinische Dienst der Krankenkassen können zur Stellungnahme hinzugezogen werden. In der Zeit der Wiedereingliederung ist der Mitarbeiter noch krankgeschrieben.

Auch jenseits rechtlicher Rahmenbedingungen hat die Führungskraft ganz erheblichen Einfluss darauf, ob einem lange erkrankten Mitarbeiter der Wiedereinstieg in die „Normalität" gelingt. Der Vorgesetzte kann schon während der Krankschreibung Weichen dafür stellen: Oberstes Gebot ist es, psychischen Krankheiten genauso unbefangen zu begegnen wie einem gebrochenen Bein oder eine Gallen-OP. Das heißt: Während der Mitarbeiter in der Klinik ist, sollten sich Chef und Kollegen regelmäßig erkundigen, Karten oder Blumen schicken und auch zu Besuch kommen, wenn Mitarbeiter und Klinik einverstanden sind. Nach der Rückkehr gilt es, den gesundheits- und selbstwertfördernden Aspekt der Berufstätigkeit zu nutzen. Mitarbeiter sind nach längerer Krankschreibung in der Regel offen und dankbar für Botschaften der Wertschätzung und des Vertrauens in ihre zurückgewonnene Leistungsfähigkeit. Auch wenn keine stufenweise Wiedereingliederung vereinbart wurde und der Mitarbeiter theoretisch in einem Schritt „von 0 auf 100" gehen müsste, sollte die Führungskraft einen stufenweisen Ausbau der Belastungsstufen mit angemessenen – also weder über- noch unterfordernden – Anforderungen wählen. Auch die soziale Unterstützung des Vorgesetzten ist wichtig: Diese umfasst ein ausführliches Rückkehrgespräch, regelmäßige Personalgespräche, enge Führung und das Unterbinden von Tratsch, Ausgrenzung und Mobbing.

5. Unterstützung durch die Personalabteilung

Ein Unternehmen darf seine Führungskräfte mit der psychischen Erkrankung von Mitarbeitern nicht alleine lassen. Die Personalabteilung sollte im Auftrag der Geschäftsführung ein Servicepaket für ihre Führungskräfte mit folgenden Elementen schnüren:

- gründliche Basisschulung zum Umgang mit psychisch belasteten Mitarbeitern (Psychoedukation/Störungswissen; HILFE-Stufenmodell; Gesprächsübungen) inkl. regelmäßiger Auffrischung

- regelmäßige Schulungen zu salutogener Führung im Rahmen der Prävention, auf Wunsch Ausbildung der Führungskräfte zum Coach, damit diese frühzeitig eine Eskalation der Situation des Mitarbeiters verhindern und ihm stützend-beratend (nicht therapeutisch) zur Seite stehen können

- individuelle Supervision für Führungskräfte, die einen oder mehrere psychisch erkrankte Mitarbeiter im Team haben oder ggf. Suizid(versuche) im Team erleben mussten

- Koordination mit unterstützenden Stellen wie Medizinischer Dienst, Sozialpsychiatrischer Dienst, Krankenkassen, Rentenversicherungsträger, Berufsgenossenschaft, Rehabilitationsträger, Integrationsfachdienst

- stets aktuelle Informationen und Adressen im Unternehmens-Intranet zu psychologischen, beratenden und medizinischen Hilfsangeboten in der Region (Ärzte, Therapeuten, Selbsthilfegruppen, Beratungsstellen, Ambulanzen, Kliniken usw.)

- Gesprächsleitfäden für Führungskräfte nach dem HILFE-Stufenplan, Flankieren der betrieblichen Wiedereingliederung, arbeitsrechtliche Beratung, bei Bedarf Bereitstellen von externen Dienstleistern für Arbeitsplatzanalyse (z. B. um Über-/Unterforderung aufzudecken), Teambuilding, Mobbing- und Konflikt-Mediation u. a.

- Konzept und Steuerung eines Employee Assistance Programms (EAP)

Checkliste für Führungskräfte und Personalmanager

- ✓ Verfügt ihr Unternehmen über Erkenntnisse und Statistiken zur psychischen Erkrankung von Mitarbeitern?
- ✓ Sind regelmäßige Personalgespräche fester Bestandteil Ihrer Führungskultur? Ist das Thema „psychische Belastungen“ in der Regel auf der Agenda?
- ✓ Verfügen die Führungskräfte Ihres Unternehmens über solides Basiswissen zu den gängigsten seelischen Störungen? Gibt es spezielle Schulungen zur Psychoedukation?
- ✓ Enthält Ihr Führungsleitbild klare Regeln, wie Vorgesetzte mit psychisch belasteten Mitarbeitern umgehen sollen, z. B. Verzicht auf pseudotherapeutische Interventionen oder Ausfragen zu privaten Themen.
- ✓ Hat Ihr Unternehmen einen Stufenplan zur Führung psychisch belasteter Mitarbeiter, etwa nach dem bewährten HILFE-Modell?
- ✓ Haben die Vorgesetzten in Ihrem Unternehmen ausreichend Zeit für Führungsaufgaben und die Kommunikation mit den Mitarbeitern?
- ✓ Haben Sie ein gesetzeskonformes betriebliches Eingliederungsmanagement?
- ✓ Bekommen Ihre Führungskräfte individuelle Supervision, wenn sie psychisch erkrankte Mitarbeiter im Team haben?
- ✓ Arbeitet Ihr Unternehmen mit unterstützenden Stellen wie Medizinischer Dienst, Sozialpsychiatrischer Dienst, Krankenkassen, Rentenversicherungsträger, Berufsgenossenschaft, Rehabilitationsträger, Integrationsfachdienst zusammen?
- ✓ Hat Ihre Personalabteilung stets aktuelle Informationen und Adressen zu psychologischen, beratenden und medizinischen Hilfsangeboten in der Region (Ärzte, Therapeuten, Selbsthilfegruppen, Beratungsstellen, Ambulanzen, Kliniken usw.)?
- ✓ Stellen Sie Ihren Führungskräften bei Bedarf externe Dienstleister für Arbeitsplatzanalyse, Teambuilding, Mobbing- und Konflikt-Mediation an die Seite?
- ✓ Haben Sie ein Employee Assistance Programm zur schnellen, unbürokratischen Hilfe für erkrankte Mitarbeiter?

3.2 Gesunde Unternehmensführung: Der Chef als Navigator

Mit den Instrumenten der salutogenen Mitarbeiterführung können Vorgesetzte erheblich zur Leistungsfähigkeit ihrer Teams beitragen. Doch dem Wirken der einzelnen Führungskraft sind Grenzen gesetzt. Für übergeordnete Fragen der gesunden Führung braucht es konzertierte, das ganze Unternehmen umspannende Konzepte und Aktionen. Diese dienen dem einzelnen Chef als Leitplanken, innerhalb derer er oder sie für die Mitarbeiter ein Navigator in Sachen gesunder Führung sein kann.

Zur Förderung der Salutogenese-Faktoren

- Verstehbarkeit
- Handhabbarkeit
- Sinnhaftigkeit

gibt es auf der Ebene der Unternehmensführung vier wesentliche Ansatzpunkte:

1. Vision und Sinn: Die salutogene Unternehmensführung muss eine klare Vision vorgeben und das Sinnempfinden bei den Beschäftigten fördern. Dies gilt insbesondere in anspruchsvollen Phasen, etwa während einer Krise oder eines Veränderungsprojekts.

2. Werte und Verantwortung: Salutogene Unternehmen sehen sich als Wertegemeinschaft mit Corporate Social Responsibility (CSR). Der unbestreitbar wichtige Erfolg im Kerngeschäft sollte auf ethisch einwandfreie Weise erzielt werden. Außerhalb des Kerngeschäftes kann das Unternehmen als Förderer, Spender oder Mäzen zu gesellschaftlich wertvollen Projekten beitragen.

3. Interne Kommunikation: Transportvehikel für Vision, Sinn, Werte und Verantwortung ist eine professionelle, transparente interne Kommunikation zwischen Management und Mitarbeitern.

4. Employee Assistance: Gesunde Unternehmen investieren in die psychosoziale Gesundheit ihrer Mitarbeiter. Ein Employee-Assistance-Programm (EAP) kann Beschäftigten in schwierigen Phasen Unterstützung geben und ihnen somit rascher zu voller Leistungsfähigkeit zurückhelfen.

Vision und Sinn	**Gesunde Unternehmensführung**	**Interne Kommunikation**
Werte und Verantwortung		**Employee Assistance**

Abb. 8: Bereiche gesunder Unternehmensführung im Überblick

3.2.1 Vision und Sinn

„Der Mensch kann jedes Wie ertragen, wenn er ein Warum dazu hat." Dieser Satz wird Viktor Frankl[143], Holocaust-Überlebender und Mitbegründer der Positiven Psychologie[144] zugeschrieben. Führungspersönlichkeiten aus unseren Tagen geben ähnliche Denkanstöße: Der Gründer der dm-Drogeriemärkte, Götz Werner, erhebt beispielsweise den Anspruch, ein Unternehmen müsse mehr als ein „Arbeit-Geber" sein. Er fordert für Beschäftigte einen Arbeitsplatz als „Lebensschauplatz ..., der ihn dabei unterstützen sollte, sich seiner selbst bewusst zu werden und seine Lebensbiografie zu gestalten." [145]. Gute Führungskräfte sind für Werner „Evokatoren", der beim Mitarbeiter Fragen hervorruft und ihn dabei unterstützt, seine eigenen Antworten zu finden.[146] Stellschrauben eines solchen Ansatzes sind eine klare Unternehmensvision („Wohin geht es? Und warum?") sowie Mitwirkungsangebote für die Mitarbeiter („Wie kann ich mich sinnvoll einbringen und meinen Beitrag zum Erfolg sowie ggf. einem größeren Ganzen leisten?"). Manager, die Antworten auf diese Fragen geben, steigern die Salutogenese in ihrem Unternehmen.

Und so fehlen denn auch in kaum einem Unternehmen Papiere die Titel tragen wie „Mission & Vision", „Unser Leitbild", „Agenda 2020" u. a. Je höher Manager auf der Karriereleiter gekommen sind, desto mehr sind sie offenbar davon überzeugt, dass solche Visionen an der Basis geglaubt und einmütig umgesetzt werden: 55 Prozent der Topmanager sind der Ansicht, dass alle im Unternehmen mehr oder weniger an einem Strang ziehen. Ganz anders und vermutlich realistischer die Einschätzung im mittleren Management und bei den Personalverantwortlichen: Nur 35 Prozent können überhaupt klare Visions-Ziele erkennen, und verschwindend geringe sieben Prozent glauben an deren tatsächliche Umsetzung. Noch schwächer ist im Mittel- und Personalmanagement das Vertrauen in die Veränderungsfähigkeit von Unternehmen: Nur zwei Prozent der Vertreter dieser Gruppe bescheinigen ihrem Arbeitgeber die Bereitschaft dazu.[147]

Unternehmen hierzulande haben also kein visionäres Defizit, auf dem Papier steht mehr als genug. Viele Unternehmen haben ein Umsetzungs-, Glaubwürdigkeits- und/oder Kommunikationsdefizit. Dies gilt insbesondere in den für Firmen so entscheidenden Krisen- und/oder Veränderungsphasen. Die deutsche Wirtschaft steht seit Jahren unter dauerhaftem Veränderungsdruck – entweder weil sie muss, z. B. durch neue Bedingungen auf ihren Märkten, Wettbewerbsverschärfung, Gesetzesauflagen oder neue Eigentümerverhältnisse nach einer Übernahme oder einem Börsengang. Oder weil sie will, z. B. weil nach einem Generationswechsel ein neuer Führungsstil Einzug hält oder weil Chancen in neuen Märkten gesehen werden. Veränderung ist in Unternehmen folglich allgegenwärtig, der Wandel ist oft die einzige Konstante. Für die Mitarbeiter bedeutet das nicht selten permanente Unsicherheit und Angst – beides Krankmacher von höchster Wirkkraft. Personalmanager erkennen denn auch Restrukturierungen als einen der gravierendsten psychischen Belastungsfaktoren für Mitarbeiter an.[148] Eine auf Salutogenese ausgerichtete Unternehmensführung muss deswegen insbesondere in Phasen des Corporate Change darauf achten, die Risiken von individuellem und organisationalen Stress, Verschleiß und Burnout klug zu begrenzen. Drei Ansatzpunkte im Bereich gibt es hierfür:

1. Die Gründe der Veränderung erklären

Es reicht nicht, die geänderten Rahmenbedingungen, den steigenden Wettbewerbsdruck, die Bemühungen der Konkurrenz oder die Globalisierung als Argumente für ein Veränderungsprojekt anzuführen. Damit wirken Vorstände bzw. Geschäftsführer reaktiv, getrieben, fremdbestimmt. Auch das Einscheren in Trends (Trend zur Fusion, zum Börsengang, zur Konzentration auf Kernkompetenzen, zur internationalen Diversifizierung) ist noch keine Vision. Mitarbeiter, die schon durch mehrere Restrukturierungsrunden gegangen sind, empfinden wegen dieses verbreiteten Erklärungsnotstands jede weitere Veränderung oft als sinnlos. Daraus kann eine gefährliche Mischung aus Burnout (Druck und Stress durch Mehrarbeit, Neuorientierung usw.) und seinem Gegenteil entstehen – dem Bore-out. Dieses Gefühl der Sinnlosigkeit und des Ausgeliefertseins ist ebenfalls gesundheits- und motivationsschädigend. „Menschen suchen in ihrer Arbeit nach Sinnhaftigkeit. Sie wollen sich nicht wie ein kleines Rädchen in einem riesigen Getriebe fühlen“, so Christian Dormann, Professor für Arbeits-, Organisations- und Wirtschaftspsychologie an der Universität Mainz.[149]

Es ist deshalb Aufgabe der Unternehmensführung, konkrete Begründungen und Perspektiven für das eigene Unternehmen zu entwickeln. Die Leitlinie lautet dann nicht: „Wir müssen, weil ...“, sondern: „Wir wollen, weil ...“. Zudem brauchen Mitarbeiter Begründungen, warum es sich lohnt, sich für das Veränderungsziel einzusetzen. Die positive Einschätzung des eigenen Einflusses auf den Unternehmenserfolg stärkt wiederum nachweislich die Arbeitsmotivation.[150]

2. Den Weg zum Veränderungsziel begründen und die Schritte dahin steuern

Ziele können auf verschiedenen Wegen erreicht werden. Einen höheren Gewinn kann man erzielen, indem die Kosten gesenkt oder die Einnahmen erhöht werden – oder beides. Manager sind Mitarbeitern den Beweis schuldig, dass verschiedene Möglichkeiten geprüft und dann die aus derzeitiger Sicht besten zur Strategie erklärt wurden. Dies ist besonders wichtig bei umstrittenen Veränderungen wie z. B. Stellenabbau oder Standortverlegungen. Wurde wirklich alles versucht (z. B. Gehaltsverzicht, Haustarifverträge, technische Neuerungen zur Kostensenkung in der Produktion, Akquisition neuer Aufträge zur Standortsicherung)? Sollte dies nicht der Fall sein, setzen sich die Verantwortlichen dem Verdacht aus, einseitig an der Perspektive einzelner Stakeholder (z. B. der Aktionäre) ausgerichtet zu sein und ihre gesamtheitliche Verantwortung zu vernachlässigen.

Und wenn trotz Abwägung aller Alternativen den Mitarbeitern im Rahmen von strategischen Veränderungsprojekten Härten und Opfer zugemutet werden müssen, ist es essentiell, dass die Schritte auf diesem Weg strukturiert gesteuert werden. Anleihen von Verarbeitungs- und Bewältigungsangeboten der Psychotherapie sind hier eindeutig erlaubt:

1. Anerkennen, was ist (= Wahrheit aussprechen, Fakten auf den Tisch)
2. Betrauern (= Ursachenanalyse, Verantwortung benennen)
3. Loslassen (= Notwendigkeit akzeptieren, Veränderung vollziehen, Abschied nehmen)
4. Zukunftsorientierung (= Perspektive zeigen, Mitwirkung ermöglichen, Aufbruch feiern).

3. Neue Visions- und Sinnangebote machen

Steht am Anfang die Begründung der Veränderung, so steht also an deren Ende eine Zukunftsorientierung, eine neue Vision. Diese muss jedoch bestimmte Voraussetzungen erfüllen, um die Mitarbeiter mitreißen zu können. Viele Großbanken haben in den 90-er Jahren eine Eigenkapitalrendite von bis zu 25 Prozent zu ihrer strategischen Unternehmensvision erklärt und darauf unzählige Change-, Exzellenz- und Effizienzprogramme ausgerichtet. Hinter diesem Vorgehen steht ein grundlegendes Missverständnis, das einen nicht unerheblichen Beitrag zum aktuellen Reputationsverlust und dem überdurchschnittlich hohen Stress- und Krankschreibungsniveau der Bankbeschäftigten geleistet hat[151]: Eine hohe Marge ist keine Vision und auch keine Strategie. Sie ist idealerweise die Folge einer marktgerechten, mitreißenden Vision und einer professionellen, konsequenten Umsetzungsstrategie. Das reine Leistungsmotto "höher, schneller, weiter, besser" entfaltet für immer mehr Untergruppen am Personalmarkt (Generation Y, Frauen, Eltern, ältere Mitarbeiter) keine Motivationswirkung mehr. Die Positive Psychologie lehrt vielmehr, dass Menschen für nachhaltig gesunde Spitzenleistung eine Vision brauchen, die ambitioniert (sportliche Ziele, aber nicht zu hoch gesteckt) und erstrebenswert ist (analog zum Salutogenese-Faktor der Sinnhaftigkeit). Dann entsteht ein Zustand, den die Positive Psychologie „Flow“ nennt und der maximale Leistung beim minimalem Stressrisiko ermöglicht.[152]

Die Deutsche Bank, einst Vorreiter der 25-Prozent-Rendite-Vorgabe, hat dies begriffen und im September 2012 unter dem Titel „Strategische und finanzielle Ambitionen für 2015 und die Folgejahre“ verkündet: „Einen Wandel ihrer Unternehmenskultur betrachtet die Bank als unerlässlich. Nach einer Phase der Reflexion und des Dialogs mit den unterschiedlichen Interessengruppen hat die Bank sich das Ziel gesetzt, Vorreiterin für den kulturellen Wandel in ihrer Branche zu werden. Die Vergütungspraxis ist ein wichtiger Ansatzpunkt, um im Sinne aller Interessengruppen Verhaltensmuster zu ändern und Anreizsysteme an einer nachhaltigen Performance auszurichten. Die Bank wird nicht nur die Höhe der Boni im Verhältnis zum wirtschaftlichen Erfolg verringern, sondern auch den Zeithorizont für die Auszahlung der Boni für das Topmanagement verlängern. Vorgesehen ist eine Einmalzahlung nach fünf Jahren anstelle gestaffelter Auszahlungen über drei Jahre hinweg.“ Damit setzt sich der deutsche Branchenführer primär mit den Inhalten und Folgen seines Tuns auseinander und nicht vorrangig mit den (monetären) Ergebnissen. Ganz hinten in der Pressemeldung[153] heißt es kurz und knapp: „Angesichts des veränderten Marktumfelds und der strengeren Vorgaben zur Eigenkapitalausstattung unter Basel 3 strebt die Bank bis 2015 eine Eigenkapitalrendite nach Steuern von mindestens 12% an.“ Die einstige „Vision“ einer 25-prozentigen Rendite wurde stillschweigend ins zweite Glied gerückt und halbiert.

Checkliste für Führungskräfte und Personalmanager

- ✓ Hat Ihr Unternehmen eine klare Unternehmensvision („Wohin geht es? Und warum?“)?
- ✓ Wird diese im Alltag auch konkret umgesetzt und gelebt? Messen bzw. evaluieren Sie in regelmäßigen Abständen die Umsetzung Ihrer Vision?
- ✓ Wie stellen Sie sicher, dass bestehende und neu eingestellte Mitarbeiter die Vision kennen und ein gemeinsames Verständnis davon herrscht?
- ✓ Machen und kommunizieren Sie Ihren Mitarbeitern Mitwirkungsangebote („Wie kann ich mich sinnvoll für das Erreichen der Unternehmensvision einbringen und meinen Beitrag zum Erfolg sowie ggf. einem größeren Ganzen leisten?“)
- ✓ Messen Sie regelmäßig die Reputation und Glaubwürdigkeit Ihres Unternehmens bei Mitarbeitern und potenziellen Mitarbeitern, z. B. Hochschulabsolventen?
- ✓ Sind Ihre operativ durchgeführten Change-Projekte konsistent mit Ihrer Unternehmensvision? Erklärt sich der Sinn Ihrer Change-Projekte schlüssig aus der übergeordneten Unternehmensvision? Verstehen die Mitarbeiter diese Argumente?
- ✓ Überzeugen Ihre Argumente, warum ein Change-Projekt so und nicht anders umgesetzt werden soll, Ihre Mitarbeiter? Woran messen Sie das?
- ✓ Untermauern Sie die Ziele Ihrer Change-Projekte mit einer neuen, mitreißenden und glaubwürdigen Vision? Haben Sie außer Rendite und Wettbewerbsfähigkeit noch andere, visionäre Argumente für Ihre Veränderungsprojekte?

3.2.2 Werte und Verantwortung

Neben Vision und Sinn sind ein Wertefundament und verantwortungsvolles Handeln weitere wichtige Beiträge der Unternehmensführung für die umfassende psychosoziale Gesundheit der Mitarbeiter, wie sie das Salutogenese-Konzept definiert. Nahezu alle Business Schools und wirtschaftswissenschaftlichen Fakultäten haben heutzutage Fächer wie „Corporate Social Responsibility“ (CSR), „Compliance“ oder „Business Ethics“ auf dem Lehrplan. Auch die PR-Veröffentlichungen, CSR- bzw. Nachhaltigkeitsberichte oder Leitbilder von Unternehmen lassen auf den ersten Blick vermuten, dass über die Notwendigkeit zu verantwortungsvollem, ethisch und gesetzlich korrektem Verhalten von Managern Konsens herrscht. 2010 unterzeichneten 21 Unternehmensführer – die Crème de la Crème der deutschen Wirtschaft – ein „Leitbild für verantwortliches Handeln in der Wirtschaft“, das nach Steuerhinterziehungsaffären, Bonusexzessen und anderen Skandalen dem Vertrauensverlust vieler Bürger in die Wirtschaft und ihre Manager entgegenwirken sollte. 92 Prozent der deutschen Firmen bieten ihren Beschäftigten Werte-, Ethik und/oder Compliance-Schulungen an, 58 Prozent haben niedergeschriebene (Verhaltens-)Leitlinien gegen Korruption, Umweltvergehen, Diskriminierung u. v. m., 33 Prozent Überwachungsgremien und 24 Prozent interne Telefonhotlines für Zweifelsfälle oder „Whistleblowing“, also das anonyme Melden von Verstößen gegen Recht und Gesetz.[154]

Mit all diesen Maßnahmen streben Firmen an, sich als „guter Unternehmensbürger“ (Good Corporate Citizen) zu positionieren. Historisch gesehen leitet sich der Grundgedanke des verantwortungsvollen Unternehmenshandelns vom Leitbild des ehrbaren Kaufmanns ab, das es schon zu Zeiten der Medici, Fugger und Hansekaufleute sowie bei Neuzeitpionieren wie Bosch und Rothschild bis hin zu Gegenwartsunternehmern wie Bill Gates gab und gibt. Der Good Corporate Citizen beweist nach der reinen Lehre Verantwortung in zwei Bereichen:

- In seinem Kerngeschäft: Idealerweise sind alle Tätigkeitsfelder von strategischem Management über Produktion/Vertrieb/Forschung, Finanzen bis hin zu Personalarbeit und Unternehmenskommunikation an einem Modell nachhaltiger Entwicklung auszurichten. Die EU-Kommission fordert, „dass die Gesamtperformance eines Unternehmens daran gemessen werden sollte, in welchem Maße sie beiträgt zu wirtschaftlichem Wohlstand, Umweltqualität und Sozialkapital."[155] Verantwortliches Unternehmenshandeln soll sich wie ein roter Faden durch die gesamte Wertschöpfungskette ziehen. Dr. Karsten Ottenberg, Leiter der Geschäftsführung der Giesecke & Devrient GmbH formulierte dies auf einer Pressekonferenz einmal so: „Für die Zukunft unserer Gesellschaft ist nachhaltiges Handeln elementar. Gerade auch im unternehmerischen Kontext darf der Nachhaltigkeitsgedanke nicht fehlen, denn schließlich wollen wir nicht kurzfristig Gewinne einfahren, sondern langfristig Werte für unsere Kunden, Mitarbeiter und Eigentümer schaffen. Der verantwortungsvolle Umgang mit Ressourcen ist deshalb ein wesentlicher Bestandteil unseres Arbeitens; er zieht sich über alle Stufen der Wertschöpfungskette und beinhaltet eine ökologische, ökonomische und soziale Dimension."

- In bürgerschaftlichem bzw. zivilgesellschaftlichem Engagement: Über die eigentliche Geschäftstätigkeit hinaus engagieren sich immer mehr Unternehmen als Sponsor oder Mäzen für soziale, kulturelle und karitative Belange. Auch dies ist keine Erfindung unserer Tage. So wurde beispielsweise die Goethe-Universität Frankfurt am Main 1914 auf Basis von Spenden Frankfurter Politiker wie Oberbürgermeister Franz Adickes, Industrieller wie Wilhelm Merton und vieler Bürger vor allem jüdischer Herkunft gegründet. Ein Beispiel jüngeren Datums ist die Dresdner Frauenkirche: 1994 wurde unter Mitwirkung der Dresdner Bank die „Stiftung Frauenkirche Dresden“ gegründet. Anfang 1995 startete die Dresdner Bank die „Aktion Stifterbrief“. Hierdurch konnten mehrere Millionen Euro an Spenden eingesammelt werden (allein die Bankmitarbeiter brachten eine Million Euro auf), die die Bank großzügig aufstockte und damit maßgeblich den Wiederaufbau des Kulturdenkmals ermöglichte. Neben Spenden (Corporate Giving) und Stiftungen (z. B. Bosch-Stiftung, Quandt-, Gates-) gibt es noch zweckgebundenes Marketing („Mit jedem Kasten Krombacher fördern Sie einen Urwaldbaum.“), die Freistellung von Arbeitnehmern für ehrenamtliche Tätigkeiten (Corporate Volunteering), Aufträge an soziale Organisationen wie z. B. Behindertenwerkstätten (Social Commissioning), Soziallobbying (Unternehmen unterstützen gemeinnützige Organisation gegenüber politischen Entscheidungsträgern), soziales Risikokapital (Unternehmen investiert Geld in ein gesellschaftlich relevantes Vorhaben und erwartet erst nach einer unüblich langen Zeit eine Rendite – oder gar nicht), Social Entrepreneurship (unternehmerische Tätigkeit auf einem gesellschaftlich wertvollen Gebiet, die keine oder nur sehr untergeordnete Renditeerwartung hat, z. B. Mikrokredite in der Dritten Welt).

Die Regeln bzw. Gütekriterien für verantwortungsvolles Unternehmenshandeln sind in drei Schichten aufgebaut:

1. Schicht: Gesetze. Die Einhaltung aller für ein Unternehmen an all seinen Standorten geltenden Gesetze nennt man Compliance. In Deutschland relevant sind u. a. Aktien- und Insiderrecht, Strafrecht, Bilanzierungsregeln, Umweltrecht, Arbeitsrecht, Verbraucherschutz, Exportkontrollrecht, Datenschutz. Was wie eine Selbstverständlichkeit klingt, ist keine, sonst würden vor Gerichten keine Fälle von Verstoß gegen Umweltauflagen, Korruptions- und Bestechungsverbot oder Diskriminierung von Bewerbern bei der Stellenvergabe geführt. Prominente Skandale wie die Siemens-Korruptionsaffäre haben das Bewusstsein in den Unternehmen geschärft, dass Verstöße mit einer Null-Toleranz-Haltung verfolgt werden müssen.

2. Schicht: Kodizes, die nicht oder nur zum Teil Gesetzesform haben. Bekanntestes Beispiel ist der Deutsche Corporate Governance Kodex (DCGK), der die seriöse Unternehmensführung (Good Corporate Governance) zum Ziel hat und Regeln für das Management und dessen Überwachung auflistet. Themen sind z. B. die Vorstandsvergütung und die Geschlechterdiversität bei der Zusammensetzung der Aufsichtsräte.

3. Schicht: freiwillige Verpflichtungen. Es gibt eine Fülle freiwilliger Verpflichtungen, mit deren Anerkennung sich Unternehmen als Good Corporate Citizen hervortun können. Der UN Global Compact beispielsweise ist ein 2000 geschlossener Pakt zwischen Unternehmen und der UNO, um die Globalisierung sozialer und ökologischer zu gestalten. Bisher erkennen weltweit rund 7.000 Unternehmen seine Mindeststandards für Menschenrechte, Arbeitnehmerrechte, Kinderrechte, Diskriminierungsverzicht, Umweltschutz und Korruptionsverbot an. Die OECD-Leitsätze für multinationale Unternehmen empfehlen seit dem Jahr 2000 die Wahrung von Verbraucher-, Arbeitnehmer- und Umweltinteressen. Die Dreigliedrige Grundsatzerklärung über multinationale Unternehmen und Sozialpolitik der Internationalen Arbeitsorganisation (ILO) fokussiert auf Arbeitnehmerrechte und verbietet Lohndiskriminierung, willkürliche Entlassungsverfahren o. ä. Außerdem gibt es zahlreiche Sozial- und Umweltgütesiegel, z. B. ISO 14001, Eco Management and Audit Scheme (EMAS) oder den Blauen Engel.

Für die gesunde Unternehmensführung bietet verantwortungsvolles Unternehmenshandeln Chancen und Risiken.

1. Die Chancen: Stolz, Motivation, Reputation

Im Rahmen der gesunden Führung interessiert vor allem, ob ein an Ethik und Werten ausgerichtetes Verhalten des Unternehmens (Corporate Social Responsibility/CSR) Motivation, Engagement und Bindung der Mitarbeiter günstig beeinflusst. Viele Manager scheinen davon überzeugt zu sein: In einer Befragung des Bundesverbandes der Deutschen Industrie gaben Führungskräfte dem Nutzen der CSR-Ausrichtung für die Erhöhung der Mitarbeitermotivation/-Bindung den Wert 3,4 auf einer Skala von 1 (kein Nutzen) bis 5 (sehr hoher Nutzen). Höher bewertet (3,6) wurde nur noch der Effekt für die Verbesserung des Unternehmensbildes in der Öffentlichkeit, was im Rahmen des Employer Branding aber ebenfalls förderlich auf die Beziehung des Unternehmens zu (potenziellen) Mitarbeitern wirken dürfte.[156]

Gerade Firmen mit Facharbeiter- und Expertenmangel, die besonders auf die Rekrutierung qualifizierter Nachwuchskräfte angewiesen sind, sollten um die Bedeutung von CSR wissen. Denn laut einer Studie hat die CSR-Aktivität eines Unternehmens einen Einfluss auf die Jobentscheidung von 88% der Hochschulabsolventen und jungen Berufseinsteiger.[157] In einer internationalen Befragung in Brasilien, China, Deutschland, Frankreich, Großbritannien, Indien, Russland und den USA sowie unter über 50.000 neu eingestellten Mitarbeitern der Unternehmensberatung Accenture sagte 38 Prozent der Teilnehmer, dass die Stellung des Arbeitgebers in der Gesellschaft für ihre Jobwahl wichtig war.[158] So verwundert es nicht, dass Unternehmen, die einen hohen Anteil an Hochschulabsolventen beschäftigen, sich stärker in CSR engagieren. Die Wahrscheinlichkeit, CSR-Aktivitäten zu unterhalten, nimmt um zwei Prozent zu, wenn ein Unternehmen statt der fünf Prozent Hochschulabsolventen im Referenzunternehmen 15 Prozent beschäftigt.[159] Der St. Galler Wirtschaftsethiker York Lunau erklärt dies wie folgt: „Gerade qualifizierte Arbeitnehmer wollen nicht mit einer Schere im Kopf leben. Keiner kann den ganzen Tag etwas tun, das der Welt im günstigsten Fall nicht hilft ... Menschen wollen auch an ihrem Arbeitsplatz etwas Sinnvolles tun oder zumindest den Eindruck haben, dass in ihrem Unternehmen nach fairen Regeln gespielt wird. Nur so kann ich dauerhaft die Motivation der Mitarbeiter hochhalten.“[160]

2. Die Risiken: Unglaubwürdigkeit, Inkonsistenz, Skandale

Den großen Chancen verantwortungsvollen Unternehmenshandelns stehen Risiken gegenüber, die die Bemühungen um eine salutogene Unternehmensführung untergraben oder ganz zunichtemachen können.

- Werte sind nicht bekannt bzw. spürbar: Laut einer aktuellen Umfrage weiß nur jeder zweite Beschäftigte in Deutschland, für welche Werte sein Unternehmen steht. Zwar schreiben Vorstände und PR-Abteilungen gerne ethische Schlagwörter wie Nicht-Diskriminierung oder Fairness auf und ausnahmslos alle befragten Topmanager sagen, ihr Unternehmen habe Leitbilder definiert, die den Beschäftigten bekannt seien. Im krassen Gegensatz dazu steht, dass nur 53 Prozent der leitenden Angestellten und 47 Prozent der Mitarbeiter dem zustimmen. Zudem finden nur 17 Prozent der Befragten, ihre Chefs würden die selbst definierten Grundsätze auch vorleben.[161]

- Kerngeschäft erfüllt seine Verantwortung nicht: Viele große und volkswirtschaftlich bedeutsamen Branchen stehen am öffentlichen Verantwortungs-Pranger. Die Öffentlichkeit diskutiert äußerst kontrovers, ob die deutschen Autokonzerne beim Wandel zur klimaschonenden Mobilität zu langsam sind, ob die Stromkonzerne die Energiewende boykottieren, ob gierige Bankmanager unser Weltfinanzsystem an den Rand des Kollaps bringen, ob die Beteiligten im Gesundheitswesen (Pharmaindustrie, Krankenkassen, Ärzte usw.) schuld sind an immer höheren Patientenzuzahlungen bei immer schlechterer Versorgung. Für die Mitarbeiter dieser Branchen bedeutet das: Sie sehen sich einem enormen Image- und Reputationsverlust ausgesetzt (wer wird schon gerne als „Gier-Banker“ bezeichnet) und haben immer weniger Anlass, auf ihren Arbeitsplatz stolz zu sein und sich mit ihrem Arbeitgeber zu identifizieren. Hier schlägt der Salutogenese-Faktor der Sinnhaftigkeit um in Scham, Resignation, Stress und Frust.

- Verstöße werden nicht geahndet: Der Lackmustest aber für die Ernsthaftigkeit von Unternehmens-Ethik ist der Umgang mit Echtfällen. Es braucht nicht nur klare Regeln gegen Korruption, Umweltvergehen, Mobbing, Diskriminierung u. a. Es braucht vor allem Sanktionen bei Vergehen. Die zu starke Diskrepanz zwischen postulierten Regeln und gelebter Realität oder Verfahren à la „Die Kleinen hängt man und die Großen lässt man laufen." verstärkt bei Mitarbeitern das Empfinden von Sinn- und Machtlosigkeit – beides fördert nicht die umfassende psychosoziale Gesundheit. Beispiel Siemens: Der Konzern hatte sicher von jeher auf dem Papier Regeln für ethisches und gesetzestreues Verhalten. Und doch beherrschte das Unternehmen das ganze vergangene Jahrzehnt hinweg die Schlagzeilen wegen eines Bestechungsskandals, der nicht nur hohe Anwaltskosten und externen Imageschaden nach sich gezogen hat, sondern der vor allem die Mitarbeiter fortwährend verunsichert und in ihrer Loyalität zum Arbeitgeber schwächt. Dies gilt umso mehr, als die an höchster Stelle Verantwortlichen offenbar schwer zu ermitteln und zur Rechenschaft zu ziehen sind. Wie soll man unter solchen Umständen einem jungen Berufsanfänger die Notwendigkeit von Unternehmensethik und Compliance vermitteln?

- Gesellschaftliches Engagement wird als Mittel zur Imageverbesserung missbraucht: Sponsoring- und Mäzen-Aktivitäten von Unternehmen stehen im Ruf eines modernen Ablasshandels. Die verbreitete Kritik unterstellt, dass Unternehmen durch Förderung gesellschaftlich wertvoller Projekte vom eigenen Verhalten im Kerngeschäft ablenken wollen. Wenn dem so wäre, wäre das eine kurzsichtige Strategie. Eine durch unabhängige Medien gut informierte Öffentlichkeit erfährt schnell davon, wenn beispielsweise ein Handelsmulti seine Mitarbeiter bespitzelt. Eine parallel dazu von diesem Unternehmen durchgeführte Imagekampagne für mehr Fairness gegenüber Nahrungsmittelproduzenten in der Dritten Welt mutet daneben geradezu absurd an und wird weder innerhalb noch außerhalb des Unternehmens zu einer Verbesserung von Bindung und Image sorgen.

- Diskrepanzen zwischen Innen- und Außenwelt von Unternehmen: Unternehmen können von externem gesellschaftlichen Engagement keine positive Wirkung auf Motivation und Gesundheit der Mitarbeiter erwarten, wenn es im Inneren des Betriebes Missstände gibt. Beispiele für „außen hui, innen pfui" gibt es viele: Viele deutsche Unternehmen sind Sponsor von Bildungsprojekten wie Schulen, Universitäten usw. Doch 65 Prozent der 2012 befragten HR-Manager in Deutschland sind der Ansicht, dass betriebsintern nicht genug für die Weiterbildung der Beschäftigten getan wird.[162] Ein anderes beliebtes, weil imageträchtiges Feld für gesellschaftliches Unternehmensengagement sind Kinder. Bei der Vereinbarkeit von Familie und Beruf indes bescheinigen Experten der deutschen Wirtschaft noch enormen Nachholbedarf. Unternehmen positionieren sich auch gerne als Förderer von Umweltschutzprojekten – und können dann oft ihren eigenen Mitarbeitern keine Ökobilanz oder konkrete Umweltschutzziele vorlegen, mit deren Hilfe die Beschäftigten sich im betrieblichen Alltag wirkungsvoll für ökologische Verbesserungen einsetzen könnten. Ein letztes Beispiel für Doppelzüngigkeit, die Mitarbeitermotivation und -gesundheit untergräbt: Wenn eine Bank seit Jahren einen Jugendwettbewerb für mehr Demokratie und Zivilcourage mit hohen Summen fördert, dann aber anlässlich einer schwierigen Unternehmenssituation mit viel Gegenwind für den Vorstand die Leserbriefspalte im Mitarbeitermagazin streicht, dann hat nicht nur das Projekt Jugendwettbewerb seine interne Motivationswirkung verloren. Schlimmer noch: Durch solche Widersprüche rutschen viele Mitarbeiter in eine geradezu zynische und sicherlich nicht leistungs- und gesundheitsfördernde Einstellung gegenüber ihrem Arbeitgeber.

- Förderung unethischen Verhaltens: Vollends gehen Unternehmensbemühungen und ein verantwortungsbewusstes Image nach hinten los, wenn im operativen Geschäft Vorgesetzte ihre Mitarbeiter zu zweifelhaftem Verhalten zwingen. Im STERN 14/2005, also lange vor Beginn der aktuellen Euro- und Bankenkrise, wird ein Bankmitarbeiter mit den Worten zitiert, seine Vorgesetzten und die Bankzentrale hätten die Mitarbeiter in den Filialen so unter Vertriebsdruck gesetzt, dass man den Bankkunden „Hasenkötel als Kaffeebohnen“ verkaufen musste. Ergebnis: Viele Banken stehen heute vor einem geschäftspolitischen Scherbenhaufen mit immensem Reputations- und Motivationsverlust bei den Mitarbeitern.

- Verantwortung für gesellschaftliche Megatrends wird nicht oder nur unzureichend übernommen: Unternehmen und Finanzmärkte haben heute, so scheint es oft, mehr Macht als Parlamente und Regierungen. Unbestreitbar geht von Unternehmen enorme Gestaltungsmacht in unserer modernen Gesellschaft aus. Der St. Galler Wirtschaftsethiker York Lunau: „Mit der Globalisierung ging eine historisch bisher unbekannte Konzentration von Macht auf Wirtschaftsunternehmen einher. Die größten wirtschaftlichen Einheiten der Erde sind heute nicht mehr Staaten – rund die Hälfte der 100 größten Organisationen weltweit besteht aus privaten Firmen.“[163] Entsprechend hoch ist die Verantwortung für Unternehmen, einen Beitrag für Wohlstand und Sicherheit künftiger Generationen zu leisten: mit Lebenszyklus- und Solidarmodellen für die alternde Gesellschaften, mit Engagement für ein global wettbewerbsfähiges Bildungsniveau, mit solidarischer Finanzierung des Gesundheitswesens, mit Angeboten zur Vereinbarkeit von Beruf und Familie, mit betrieblicher Gesundheitsprävention sowie mit einer freiheitlichen Führungskultur. Die Defizite vieler Unternehmen in diesen und anderen Feldern sind an anderen Stellen in diesem Buch thematisiert.

Checkliste für Führungskräfte und Personalmanager

- ✓ Hat Ihr Unternehmen ein Werte-, Ethik- bzw. Compliance-Leitbild?
- ✓ Hält sich Ihr Unternehmen an nicht im Gesetzesrang stehenden Kodizes wie (Teile des) Deutschen Corporate Governance Kodex?
- ✓ Ist Ihr Unternehmen freiwilligen Selbstverpflichtungen wie dem UN Global Compact beigetreten bzw. unterwirft es sich der Zertifizierung durch ein Sozial- oder Ökosiegel?
- ✓ Bieten Sie Ihren Mitarbeitern Werte-, Ethik und/oder Compliance-Schulungen, niedergeschriebene (Verhaltens-)Leitlinien bzw. eine interne Telefonhotline für Zweifelsfälle oder „Whistleblowing“ an?
- ✓ Richten Sie Ihr Kerngeschäft in seiner gesamten Wertschöpfungskette an Nachhaltigkeit und gesellschaftlicher Verantwortung aus?
- ✓ Ahnden Sie Gesetzes- oder Ethikverstöße in Ihrem Unternehmen ohne Ansehen der Person?

- ✓ Sind Werte und Verantwortung für Ihr Unternehmen eher ein strategisches Managementthema oder ein Imagethema?
- ✓ Achten Sie konsequent genug auf die glaubwürdige Übereinstimmung ihrer externen Sponsoringaktivitäten mit ihrer innerbetrieblichen Realität, um Doppelzüngigkeit zu vermeiden?
- ✓ Sind Sie sicher, dass Ihre Rendite- und Vertriebsziele auf gesetzestreue, nachhaltige und verantwortungsvolle Art erreicht werden können?
- ✓ Haben Sie geeignete interne Kontrollmechanismen, damit Vorgesetzte ihre Mitarbeiter erst gar nicht zu unethischem Verhalten auffordern können?
- ✓ Übernimmt Ihr Unternehmen aktiv Verantwortung und eine Vorreiterrolle bei der Lösung gesamtgesellschaftlicher Megatrends?
- ✓ Nutzen Sie die Chancen Ihrer CSR-Aktivitäten für Ihre Arbeitgebermarke, die Mitarbeitergewinnung und das Reputationsmanagement bei bestehenden Mitarbeitern?

3.2.3 Interne Kommunikation

Unter interner Kommunikation (IK) wird hier nicht die direkte Kommunikation zwischen Chef und Mitarbeiter sowie in Teams verstanden (s. Kap. 3.2.3), sondern die institutionalisierte Kommunikation zwischen Arbeitgeber und Arbeitnehmer. Hierzu gehören Medien wie Intranet, Mailings, Firmenzeitungen bzw. -magazine, Dialogformate (z. B. „meet the boss"), Videobotschaften, Firmen-Wikis, Betriebsversammlungen u. v. m.

Auch wenn die Zuständigkeit für IK in den meisten Fällen bei der Abteilung für Unternehmenskommunikation/PR/Öffentlichkeitsarbeit liegt, gibt es doch starke Verbindungen zur Thematik (gesunde) Führung. Konzepte, Maßnahmen und Botschaften der IK sollten nicht nur darauf ausgerichtet sein, dass die Beschäftigten die Kernbotschaften des Unternehmens kennen. Die Mitarbeiter sollen idealerweise Strategie, Ziele und Projekte ihres Arbeitgebers emotional annehmen, sie in ihr eigenes Ziel-Koordinatensystem integrieren und in konkrete erwünschte Handlungen umsetzen. So werden aus Lohn- und Befehlsempfängern „Unternehmer im Unternehmen", die sich mit Herz, Hirn und Hand für ihren Betrieb einsetzen.[164]

Analysen zeigen indes, dass Unternehmen hier noch sehr viele Chancen ungenutzt lassen.[165] Obwohl zehn bis 40 verschiedene IK-Medien pro Unternehmen üblich sind[166], scheint die Wirkung begrenzt: Nur 37 Prozent der Mitarbeiter bescheinigen beispielsweise ihrem Arbeitgeber, in herausfordernden Unternehmenssituationen gut intern zu kommunizieren.[167] 75 Prozent der Beschäftigten fordern eine bessere Aufklärung über wichtige Veränderungen.[168] Kommunikative Dauerberieselung alleine kann also nicht die Lösung sein. Vielmehr muss die IK mit Erkenntnissen der Hirn-, Motivations- und Stressforschung ihren Beitrag zum Unternehmenserfolg optimieren. Sie kann dies in drei wichtigen Feldern:

1. Für positive Gefühle sorgen

Der Mensch ist täglich zigtausenden Reizen ausgesetzt, und Maßnahmen der IK wie etwa Intranet oder Mailings tragen dazu bei. Aus Effizienzgründen verdichtet und kategorisiert das menschliche Gehirn einzelne Reize zu Erfahrungsmustern, die ihrerseits wieder die Überzeugungen und das Verhalten eines Menschen prägen – und umgekehrt. Damit aber aus der Wahrnehmung („Was ist?") auch eine angemessene (Handlungs-)Motivation („Was tue ich? Wie reagiere ich?") entsteht, muss eine dazwischengeschaltete Bewertung stattfinden. Zu diesem Zweck sortiert das Gehirn in kürzester Zeit, ob Informationen dem inneren Wohlbefinden dienen oder schaden. Dies geschieht in entwicklungsgeschichtlich älteren Hirnarealen, die u. a. auch Sitz der Gefühle sind. Die Neurowissenschaften belegen, „dass die Bewertung ... nicht ausschließlich von der Vernunft und über das rationale Denken gesteuert wird, sondern dass ... Gefühle eine entscheidende Rolle spielen".[169] Viele Firmen leugnen dies noch. Oft hört man markige Sätze wie „Das Leben ist kein Ponyhof." oder „Nur die Harten kommen in den Garten". Solche die Unternehmenskultur prägenden Glaubenssätze verkennen die von der Hirn- und Motivationsforschung belegte Bedeutung des Wohlfühlfaktors für die Leistung der Mitarbeiter. Denn nur, wenn der Mensch sich wohl und grundsätzlich sicher fühlt, wenn er engagiert bei der Sache ist, wird im Gehirn das sogenannte Belohnungszentrum aktiviert, das Höchstleistung überhaupt erst ermöglicht. „Die durch Emotionen ausgeschütteten Botenstoffe des Dopamin- und Opiatsystems wirken wie Dünger auf Nervenzellen", so Gerald Hüther, einer der bekanntesten deutschen Hirnforscher.[170]

Für die IK besteht die Herausforderung darin, den richtigen Mix aus Vernunft- und Gefühlsbotschaften zu finden. Es reicht nicht, strategische Kernbotschaften nüchtern zu transportieren. IK muss für eine zupackend-lösungsorientierte, grundsätzlich optimistische Stimmung sorgen. Dass dies selbst dann nicht immer getan wird, wenn das Unternehmen eigentlich Positives zu verkünden hätte, zeigt folgendes Beispiel:

Echt-Text aus der IK einer Forschungseinrichtung:[171]
Das Technikum des Helmholtz-Zentrum Geesthacht -Forschungszentrums wird 40 Jahre alt. Das ist ein guter Anlass, einen genauen Blick auf die ‚Partner der Wissenschaftler' zu werfen. Denn oft arbeiten sie im Hintergrund: Während die Forscher in Doktorarbeiten, Publikationen oder Postern ihre Ergebnisse der Öffentlichkeit präsentieren, bleiben diejenigen, die diese Ergebnisse oft erst ermöglicht haben, unerkannt. Wer verbirgt sich also hinter Fräsmaschine, Platinenbestückungsplatz und CAD-Arbeitsplatz? Wer sind die rund 85 Mitarbeiterinnen und Mitarbeiter, die im Technikum beschäftigt werden? Und worin besteht ihre Motivation?

So würde der Text viel stärker positive Gefühle bei den Mitarbeitern wecken:
Nach der Knie-OP am selben Tag nach Hause? Elektroautos mit starker Batterie? Genug Wasser für alle Menschen? Große Visionen – die dank unserer Leistung Realität sind oder bald werden. Deswegen ist der 40. Geburtstag unseres Technikums schöner Anlass, gemeinsam stolz zu sein. Auch wenn unsere 85 Mitarbeiterinnen und Mitarbeiter meist im Hintergrund arbeiten: Die Projekte in unseren Schwerpunktfeldern machen uns zu wertvollen Partnern der Wissenschaft. Institute, Lehrstühle und Unternehmen setzen unsere Lösungen in marktgängige Angebote um. Und damit machen wir Tag für Tag das Leben von vielen Menschen sicherer und komfortabler. Kann es eine stärkere Motivation geben?

Ein zweites Beispiel vertaner Motivationschancen der IK – und wie es besser gehen könnte:

Echt-Text aus der IK einer Klinik:[172]

Durch die Unterstützung vieler Klinik-Mitarbeiter ist es abermals gelungen, die Qualität unseres Krankenhaus-Verbundes unter Beweis zu stellen. Allen gilt dafür ein herzlicher Dank. Wir konnten erneut beste Noten in vielen Bereichen für die Qualität unserer medizinischen und pflegerischen Leistungen erreichen. Insbesondere sahen die drei erfahrenen Visitoren unsere Stärken in den intersektoral organisierten Versorgungsstrukturen und der Kooperation der Beteiligten an der Patientenversorgung. Die betriebsstättenübergreifende Organisation des OP-Managements, die Organisation der Fort- und Weiterbildung, die Personalbedarfsplanung, die Hygieneaktivitäten, Regelungen zur Transfusionsmedizin und zum Notfallmanagement wurden von den Visitoren als vorbildlich bezeichnet. ...Das Ergebnis ... lautete daher: ‚Die Visitoren haben der Rezertifizierungskommission die Rezertifizierung des Klinikums empfohlen.' ... Qualität in Medizin und Pflege auf einem hohen Standard zu halten, ist ständige Aufgabe aller Mitarbeiter. Dass uns dies gelungen ist, beweist das von den Visitoren bescheinigte gute Ergebnis und wir können gemeinsam stolz darauf sein. ... Dabei wurde allerdings auch deutlich, an welchen Stellen Verbesserungspotenzial besteht. gemeckert wurde allerdings wenn, dann „auf hohem Niveau". Diese potentiellen Verbesserungen werden ganz wesentlich unsere Arbeit der nächsten drei Jahre bestimmen."

So würde der Text viel stärker positive Gefühle bei den Mitarbeitern wecken:

Würden Sie sich gerne am besten Krankenhaus in NRW oder gar ganz Deutschlands bewerben? Müssen Sie gar nicht, denn sie arbeiten schon dort. Jedenfalls wird das in fünf Jahren so sein. Bis dahin wollen wir auch noch in den letzten Bereichen, in denen es noch nicht zu 100 Prozent gut läuft, Bestleistung erbringen. Als vorbildlich bewerteten die drei erfahrenen Visitoren, die unlängst unseren Klinik-Verbund auf Herz und Nieren geprüft haben, bereits dies: Die passgenau verzahnten Versorgungsstrukturen, die Kooperation aller für ein gute Patientenversorgung, das OP-Management, die Fort- und Weiterbildung, die Personalbedarfsplanung, die Hygiene sowie unsere Transfusionsmedizin und das Notfallmanagement. Darauf sind wir sehr stolz und sagen allen Beteiligten – Ärzten, Pflegepersonal und Verwaltungskollegen – herzlichen Dank! Die Re-Zertifizierung unseres Klinikums ist damit glatt bestätigt worden. Jetzt streben wir den nächsten Meilenstein an: Beim nächsten Mal sollen die Visitoren im Bereich xx nichts mehr zu meckern haben. Dieses Projekt hat Priorität A. Dann nehmen wir uns die Bereiche xx und xx vor, um auch hier alles zum Besten zu entwickeln. 2015 wollen wir die Re-Zertifizierung mit einer glatten Eins in allen Bereichen absolvieren. Wir sind sicher, dass jeder von Ihnen sein Bestes geben wird, damit wir das beste Krankenhaus in NRW oder sogar ganz Deutschlands werden.

Viele Unternehmen haben mit dem Fördern positiver Emotionen durch interne Kommunikationsmaßnahmen schon Erfahrungen gesammelt – leider nicht immer gute. Mitunter genießt die IK bei Beschäftigten den Ruf von Verlautbarungsjournalismus und rosaroter „PR-Tünche". Da wird die Mitarbeiterzeitung schon einmal „Prawda" genannt (in Anlehnung an das obrigkeitsgesteuerte Zentralmedium der Sowjetunion), und man vertraut eher Informationen aus Zeitungen und Internet statt den internen Botschaften seines Arbeitgebers. Ein Hauptgrund für solch geringe Glaubwürdigkeit ist eine falsch verstandene bzw. umgesetzte Emotionalisierung. IK-Verantwortliche schütten das Kind mit dem Bade aus, wenn sie sich in schwierigen Unternehmenssituationen beschönigender Hurra-Botschaften bedienen. Euphemismen wie

- „Freisetzungen" statt Stellenabbau
- „strategische Portfolio-Optimierung" statt Firmenverkauf bzw. Standortschließungen
- „Effizenzgewinne" statt Streichung von Ressourcen
- „Herausforderung" statt Problem

führen nicht zu mehr Motivation. Sie schüren im Gegenteil Frust, Zynismus und innere Kündigung bei den Mitarbeitern. Die Psychologie spricht hier von Double-bind-Botschaften oder Sprach-Schizophrenien – und diese gelten als ein wesentlicher Verursacher psychischer Belastungen.[173] Positive Gefühle können nicht mit Lüge und Täuschung erzielt werden. Und doch kann die IK auch in schwierigen Unternehmenssituationen auf Motivation und Veränderungsbereitschaft der Beschäftigten einwirken, z. B. mit der Methode des Refraiming: Hierunter versteht man alternative, die Motivation begünstigende Interpretationsangebote bzw. Botschaften gegen Negativismus und Viktimisierung. Negativismus zeigt sich in einer Glas-halb-leer-Haltung, in einer Kultur des Jammerns, in Bedenkenträgertum, Sabotagehaltung, Mutlosigkeit, in Beharrungsargumenten („Das haben wir noch nie so gemacht."), dem Rückgriff auf Nostalgie („Früher war alles besser.") und gesteigertem Selbstmitleid. Das in Arbeitnehmerkreisen nicht seltene Selbstmitleid („Immer auf die Kleinen.") hält der US-Psychologe John Gardner im Übrigen für das zerstörerischste nichtpharmazeutische Betäubungsmittel.[174] Unter Viktimisierung versteht man etwas ganz ähnliches, nämlich eine verinnerlichte Opferhaltung („Wir können doch sowieso nichts machen.", „Das hat doch alles keinen Sinn.").

Die IK hat zahlreiche Mittel gegen eine solch leistungs- und motivationsfeindliche Stimmung, z. B. glaubwürdig Erfolgsgeschichten, Best-Practice-Beispiele, die Dokumentation von Projekterfolgen, Belege für die Mitgestaltungsmöglichkeiten des Einzelnen, Kunden-Testimonials, Sinnangebote und Identifikationsanker. Hirnforscher Hüther betont: „Man kann niemanden dazu motivieren, seine innere Einstellung ändern zu wollen, aber man kann ihn einladen, ermutigen und inspirieren, eine neue Erfahrung zu machen, die ihm Freude bereitet."[175] Geeignete Themen sind Preise für Mitarbeiter, Patentanmeldungen, Turniersiege der Werksmannschaft, Publikationen und Vorträge von Betriebsangehörigen, gute Platzierungen in Test-Rankings, Gütesiegel für Produkte u. v. m. Auch die Wiederbelebung von altmodisch anmutenden Instrumenten wie „Mitarbeiter des Monats" oder betriebliches Vorschlagswesen empfehlen sich aus motivationspsychologischer Sicht. Eine weitere Motivationsmöglichkeit ist die symbolische Incentivierung für gute Leistung („kleines Budget, große Wirkung"). Vom Internet kann sich die Mitarbeiter-Kommunikation abschauen, wie Ratgeber-, Selbsthilfe-, Bewertungs- und Frage-Antwort-Portale Menschen zusammenbringen und motivieren, eine gute Lösung zu finden. Warum also im Unternehmens-Intranet nicht Foren mit Titeln wie „Wer weiß es?“, „So habe ich’s geschafft“ oder „Erfolgreiche Kollegen berichten“ einführen?

Und was ist, wenn es partout keine zukunftsgewandte, positive Argumentation gibt? Wenn schlicht und einfach das nackte Überleben gesichert werden muss? Dann haben die betroffenen Mitarbeiter wenigstens zweierlei verdient:

- Schnelle umfassende Information: Belastend und krankheitsfördernd sind für Mitarbeiter in Krisen- und Change-Situationen mitunter gar nicht primär die Tatsachen, sondern die Ungewissheit. Man weiß, die Dinge bleiben nicht so, wie sie sind, aber man weiß mitunter lange Zeit nicht, was genau wann und mit welchen individuellen Konsequenzen passiert. Aus solchen Situationen entstehen dann Gefühle wie „Ich werde hingehalten.“ oder schlimmer noch „Ich werde verschaukelt.“ – beides De-Motivatoren erster Ordnung. Ein prominenter Fall, bei dem in einem Veränderungsprojekt die Mitarbeiter monatelang im Ungewissen gehalten wurden, erntete diesen kritischen Kommentar in einem Top-Wirtschaftsmedium[176]: „Wenn der Chef den Mitarbeitern die Veränderung nicht erklärt: ... Obwohl der Konzern von teuren Consultingfirmen beraten wird und eine ganze Riege erfahrener PR-Experten beschäftigt, erlebt die Allianz in Deutschland ein Kommunikationsdesaster erster Klasse. Dem Chefarchitekten ist es nicht gelungen, den eigenen Mitarbeitern Vertrauen und Zuversicht für seine gigantischen Umbaupläne einzuhauchen. ... Bei dem Konzernumbau, dessen Sinn kaum noch in Frage gestellt wird, macht Diekmann aber grobe Fehler. Viele Mitarbeiter sind enttäuscht vom Konzernchef. ... Während in der Konzernspitze seit Monaten von 7000 bis 8000 [abzubauenden, d. Verf.] Stellen über drei Jahre die Rede ist, drückt sich Diekmann um eine klare Ansage und sorgt damit für weitere Verunsicherung unter Mitarbeitern.“

- Ehrlichkeit: Unternehmen sollten die Motivationswirkung von „Tacheles“ nicht unterschätzen. Es ist einen Versuch wert, auf die Frage „Warum der Stellenabbau?“ einmal zu antworten: „Weil wir in der Vergangenheit Fehler gemacht haben und nicht gut genug waren.“ oder „Weil das alte Management jahrelang nicht den Mut hatte, unbequeme Aufgaben anzupacken.“ Wer sodann plausible Zukunftsperspektiven aufzeigt, die den Mitarbeitern ein konstruktives Mitwirken erstrebenswert und sinnvoll erscheinen lassen, kann solch schonungslose Ehrlichkeit in einen Motivationsschub verwandeln.

2. Arbeitgebermarke pflegen

Warum werden Menschen bei Twitter oder Facebook Abonnenten von Unternehmens-Seiten/Kanälen? Weil sie sich für deren Entwicklung interessieren. Weil sie die Produkte und Dienstleistungen schätzen. Weil sie auf dem Laufenden bleiben wollen. Weil sie einen positiven Bezug, eine Bindung oder gar Sympathie zu dem Unternehmen verspüren. Unternehmen erkennen zunehmend die Chance, Kunden zu „Fans“ [177] zu machen. Denn „Fans“ entscheiden sich bevorzugt für die Produkte und Dienstleistungen eines Unternehmens, akzeptieren ggf. höhere Preise und empfehlen das Unternehmen weiter. So wird Marken- und Reputationspflege zur Vertriebsunterstützung, denn: „Nur Fans können andere zu Fans machen.“ [178]

Die gleichen Chancen existieren im Verhältnis von Unternehmen zu ihren Mitarbeitern: Wer „Fan" seines Arbeitgebers ist, bringt überdurchschnittliche Leistung und reißt Kollegen mit (Motivations- und Produktivitätsgewinne), überzeugt Kunden und Geschäftspartner (Vertriebsunterstützung) und empfiehlt sein Unternehmen als Arbeitgeber (Senkung der Recruitingkosten[179]). Um Mitarbeiter so solch überzeugten Anhängern zu machen, brauchen Unternehmen eine Arbeitgebermarke (Employer Branding), die ein attraktives Nutzenversprechen (Employer Value Proposition / EVP) enthält. Dies ist die Antwort auf die Frage: Was bekommt der Arbeitnehmer als Gegenleistung für seine Arbeitskraft? Im typischen EVP-Katalog von attraktiven Arbeitgebern steht vieles, das mit gesunder Führung zu tun hat, etwa

- gesunde und familienfreundliche Arbeitszeitmodelle
- eine professionelle Unternehmensorganisation
- eine salutogene Führungs- und Kommunikationskultur
- Mitwirkungsmöglichkeiten und große Freiräume für die Mitarbeiter
- attraktive Personalentwicklungsangebote, Weiterbildung
- eine mitreißende Unternehmensvision und Produkte/Lösungen, auf die die Mitarbeiter stolz sein können
- überzeugendes Engagement im Rahmen der Corporate Social Responsibility (CSR)
- Betriebliches Gesundheitsmanagement
- Employee Assistance Programme
- u. v. m.

Derzeit hat nach eigenen Angaben noch nicht einmal jedes zweite Unternehmen eine definierte Arbeitgebermarke. Und selbst wenn diese existiert, nutzen erst rund zwei Drittel der Unternehmen die darin liegenden Motivations- und Identifikationschancen systematisch im Rahmen ihrer internen Kommunikation mit den Mitarbeitern.[180] Dabei hat der Nobelpreisträger George Akerlof belegt, dass sich über solche Kommunikationsmaßnahmen die Angestellten stärker mit dem Unternehmen identifizieren und sich für dessen Erfolg verantwortlich fühlen.[181]

3. Veränderungs- und Innovationsbereitschaft unterstützen

IK mit ihren teils hohen Budgets ist kein Selbstzweck, sondern soll den strategischen Unternehmenszielen dienen – also Katalysator für gewünschte Einstellungs- und Verhaltensänderungen bei den Beschäftigten sein. Damit ein Mitarbeiter eine Information (z. B. Arbeitsanweisungen zur Qualitätsverbesserung im Kundenservice) auch wirklich verinnerlicht und automatisch das mit dieser Information erwünschte Verhalten zeigt (z. B. Erledigen eines Kunden-Rückrufwunschs am selben Arbeitstag) müssen die damit verbundenen inneren Prozesse in seinem Hirn vom sogenannten expliziten in den impliziten Modus übergehen. Der Unterschied: „Explizite Prozesse benötigen Zeit und Aufmerksamkeit, implizite Prozesse können automatisiert in Sekundenschnelle abgerufen werden. Explizite Prozess sind störungsanfällig, implizite Prozesse laufen, wenn sie einmal ausgelöst wurden, mit hoher Zuverlässigkeit ab." [182] Laienhaft würde man sagen: Etwas ist dem Menschen in Fleisch und Blut übergegangen. Solch einen Menschen muss der Vorgesetzte nicht immerzu kontrollieren, sondern er kann sich auf adäquates Verhalten des Mitarbeiters verlassen. Unternehmen haben ein Interesse daran, dass Mitarbeiter möglichst viele erwünschte Informationen, Überzeugungen und Verhaltensweisen von ihrem expliziten in ihr implizites System transferieren. IK kann diesen Transfer mit gezielten Wiederholungen von Kernbotschaften befördern.

Beispiel: Wenn ein Unternehmen nach einem Generationswechsel in der Geschäftsführung („Vom Firmen-Patriarchen zum jüngeren, angestellten Management") eine neue Kommunikations- und Führungskultur implementieren will, gehört dazu sicher auch die Ermutigung der Mitarbeiter, mit Vorschlägen und Kritik gleich zum Vorgesetzten zu gehen und dies zu besprechen. Wenn allerdings bisher jahrzehntelang ehrlicher Mitarbeiter-Input nicht erwünscht war und sogar Nachteile mit sich brachte, dann können Mitdenken, Zivilcourage, Risikofreude, Fehlertoleranz etc. nicht „per Order de Mufti" im impliziten System der Beschäftigten verankert werden. Vielmehr muss die neue Geschäftsleitung beharrlich und geduldig mit den richtig dosierten Reizen (= Kommunikationsbotschaften; z. B. Erfolgsgeschichten auf Basis von Mitarbeiter-Verbesserungsvorschlägen) und durch angemessene Wiederholung ein wertschätzendes und Sicherheit vermittelndes Klima aufbauen.

Doch selbst bei ständiger Wiederholung von Kommunikationsbotschaften werden diese langfristig nur dann das Engagement und die Innovationsbereitschaft der Mitarbeiter erhöhen, wenn die Inhalte dazu geeignet sind. Es wurde bereits ausgeführt, dass Menschen für nachhaltig gesunde Spitzenleistung eine Vision brauchen, die ambitioniert (sportliche Ziele, aber nicht zu hoch gesteckt) und erstrebenswert ist (analog zum Salutogenese-Faktor der Sinnhaftigkeit). Dann entsteht ein Zustand, den die Positive Psychologie „Flow" nennt und der maximale Leistung beim minimalem Stressrisiko ermöglicht.[183] IK muss gegenüber einer zunehmend aufgeklärten, selbstbewussten und nach Identifikation suchenden Arbeitnehmerschaft nicht nur das „Was" erläutern, sondern das „Warum" erklären. Beispiele:

- Warum eine Neuaufteilung der Abteilungen und Zuständigkeiten? Um Effizienzreserven zu heben, damit Spielraum entsteht für neue Arbeitszeitmodelle, die Familie und Beruf besser vereinbar machen.
- Warum der Gang an die Börse? Um Kapital einzusammeln, das in neue, umweltfreundliche Produktionsanlagen und Technologien investiert werden kann.
- Warum die Fusion? Weil beide Unternehmen nur gemeinsam genug Geld aufbringen können, um die kostenintensive Forschung nach Krebstherapien auszubauen.

Wie sehr Sinnangebote beflügeln können, hat die Universität Michigan erforscht: Sie befragte Fünft- bis Achtklässler, wo sie sich in zehn Jahren sehen und welchen Traumberuf sie haben. Zwar erwarteten nur 46 Prozent der Schüler, später einen attraktiven und befriedigenden Beruf auszuüben. Aber genau diese Gruppe investierte am meisten Zeit in ihre Hausaufgaben und hatte die besseren Noten.[184] Angesichts dieser Kraft positiver Zielvisionen muss man das dem deutschen Alt-Bundeskanzler Helmut Schmidt zugeschriebene Bonmot „Wer Visionen hat, sollte zum Arzt gehen." für die IK im Rahmen einer salutogenen Führung als untauglich bezeichnen. Dies verdeutlicht auch folgende keinem Urheber zuzuordnende, aber berühmt gewordene Parabel: „Drei Steinmetze arbeiten auf einer Baustelle. Ein Passant fragt sie danach, was sie tun. Der erste Steinmetz räumt mürrisch Steine zusammen und sagt: ‚Ich verdiene meinen Lebensunterhalt'. Der zweite Steinmetz klopft mit wichtiger Miene auf seinen Stein, während er antwortet: ‚Ich liefere die besten Steinmetzarbeiten weit und breit.‘ Der dritte Steinmetz aber schaut den Fragenden ruhig und mit glänzenden Augen an und sagt: ‚Ich baue eine Kathedrale.‘“ Wenn IK es schafft, aus Steineklopfern Kirchenbaumeister machen, dient sie maximal dem Oberziel der gesunden Führung.

Checkliste für Führungskräfte und Personalmanager

✓ Verfügen Sie über eine interne Kommunikation, also einen institutionalisierten Dialog mit den Mitarbeitern?
✓ Entsprechen Budget, Personalausstattung und Management-Awareness der nachweislich großen Bedeutung der IK für den Unternehmenserfolg?
✓ Machen Sie regelmäßig Qualitäts-, Nutzungs- und Wirkungsanalysen für die Maßnahmen der internen Kommunikation?
✓ Tun Sie schon genug, um Ihre IK-Botschaften mit Emotionalisierung und Motivatoren anzureichern?
✓ Wie bewerten Sie Schnelligkeit, Ehrlichkeit und Transparenz Ihrer IK in schwierigen oder Umbruchsituationen?
✓ Hat Ihr Unternehmen eine definierte Arbeitgebermarke? Nutzen sie diese gezielt im Rahmen Ihrer internen Kommunikation mit den Mitarbeitern?
✓ Schöpfen Sie bereits ausreichend die Möglichkeiten aus, Ihre Mitarbeiter zu „Fans“ des Unternehmens zu machen?
✓ Setzen Sie die IK gezielt ein, um die Veränderungs- und Innovationsbereitschaft Ihrer Mitarbeiter zu fördern?

3.2.4 Employee Assistance

Parallel zur Prävention und Optimierung im Bereich der Führung können Arbeitgeber ihre Mitarbeiter dabei unterstützen, die Selbstverantwortung für ihre mentale und körperliche Gesundheit und Leistungsfähigkeit stärker auszuüben. Dazu gehört, dass der Mitarbeiter

- seine allgemeine körperliche Verfassung stärkt, z. B. durch Sport und Ernährungsumstellung
- medizinische (Mit-)Ursachen für übermäßiges Stressempfinden, Erschöpfung und Fehlzeiten abklärt und wirkungsvoll behandeln lässt
- belastende Akut- oder Dauerumstände im Privatleben anpackt, um das hieraus resultierende Stressniveau nachhaltig zu senken
- sich mit seinen Stress bzw. Burnout begünstigenden Persönlichkeitsmustern, Lebenserfahrungen, Erziehungsprägungen, Traumata usw. auseinandersetzt und diese transformiert

- Verhaltens- und Kommunikationstechniken erlernt, die Stress und Konflikte abbauen und Gesundheit, Zufriedenheit und Leistungsfähigkeit begünstigen

Immer mehr große und vereinzelt auch mittelständische Unternehmen bieten Ihren Mitarbeitern hierfür ein Employee-Assistance-Programm (EAP) an. Andere Bezeichnungen sind Sozialberatung oder Mitarbeiterberatung. Diese kann entweder intern durch eine eigene Abteilung angeboten oder mit einem externen Partner (Coaches, Therapeuten usw.) ermöglicht werden. Auch steuerliche und finanzielle Unterstützung sind denkbar.

1. Interne Abteilung zur psychosozialen Unterstützung von Mitarbeitern

Sie kann bei entsprechender Akzeptanz zentrale vertrauenswürdige Anlaufstelle für Mitarbeiter sein, die in belastende Situationen geraten sind, z. B.:

- Finanzielle Krisen
- Lebenskrisen, Umbrüche, Schicksalsschläge (z. B. Scheidung, Todesfälle)
- Konflikte in Beruf und Privatleben
- Erfahrung von Mobbing, Gewalt, Missbrauch u. ä.
- Probleme bzw. Überlastung bei der Kinderbetreuung oder der Pflege alter Eltern
- Sucht, z. B. Alkoholismus, Spielsucht, Computersucht
- Psychische Erkrankung, z. B. Depression, Angst
- Übermäßiges Stressempfinden; körperlich-seelische Überlastung durch Stress
- Körperliche Behinderung nach Krankheit oder Unfall
- Akutkrisen, z. B. nach Arbeitsunfall oder bei Suizidalität

Je nach Größe und vorhandenem eigenem Know-how kann eine solche Sozialberatung

- selbst beratend und begleitend tätig werden, z. B. als Schuldnerberatung, Coaching-Anbieter oder Konflikt-Mediator

- Lotsendienste anbieten (Aufklärung, Adressen, Kosteninformationen usw.), damit es dem Mitarbeiter leichter fällt, sich selbstverantwortlich externe Hilfe zu holen, z. B. Kinderbetreuung, Altenpflege, fachärztliche Behandlung, Entzug

- direkt an externe Vertragspartner vermitteln (Coaches, Therapeuten, Betreuungseinrichtungen u. a.), bei denen sich der Mitarbeiter benötigte beratende und begleitende Dienste einholt

Grundlage einer funktionierenden Sozialberatung ist Vertrauen, und dieses fußt auf absoluter Diskretion. Mitarbeiter und externe Partner von betrieblichen Sozialberatungen unterliegen deshalb der Schweigepflicht des § 203 StGB, wonach mit Freiheitsstrafe bis zu einem Jahr oder mit Geldstrafe bestraft wird, wer „ein fremdes Geheimnis, namentlich ein zum persönlichen Lebensbereich gehörendes Geheimnis oder ein Betriebs- oder Geschäftsgeheimnis“ verrät. Auch die einschlägigen Datenschutzgesetze begründen die Verschwiegenheit der Mitarbeiter und Partner von betrieblichen Sozialberatungen. Für Rat suchende Mitarbeiter ist dies eine rechtlich bindende Garantie, dass weder Kollegen noch Vorgesetzte oder die Personalabteilung davon erfahren, ob, wann, wie oft und mit welchen Themen sich jemand an die betriebliche Sozialberatung gewandt hat. Über die Sozialberatung können Vorgesetzte also beispielsweise keinen Druck ausüben, ob und wie ein Mitarbeiter daran mitwirkt, sein persönliches Stressniveau und eventuell daraus resultierende Fehlzeiten zu reduzieren. Inwieweit ein Beschäftigter von den Angeboten einer Sozialberatung profitiert, liegt in seiner individuellen Verantwortung.

2. Outsourcing-Lösung

Immer mehr Unternehmen entscheiden sich dafür, eine Sozialberatung extern bei einem Spezialanbieter zu etablieren. So ersparen sie sich Aufbau und Unterhalt einer betriebsinternen Abteilung und können ihren Beschäftigten dennoch alle o. g. Vorteile bieten. Bei manchem Mitarbeiter wird vielleicht sogar die Hemmschwelle sinken, zu einer externen Beratungsstelle zu gehen, weil dies als noch diskreter empfunden wird. Eine externe Mitarbeiterberatung wird von der Weltgesundheitsorganisation (WHO) als wirksames Werkzeug für Organisationen empfohlen. Diese Empfehlung basiert auf wissenschaftlichen Studien, wonach ein EAP die signifikante Abnahme von stressenden Belastungen sowie eine Zunahme von Gesundheit bei den Beschäftigten bewirken kann.

Dennoch haben in Deutschland bislang erst wenige Konzerne ein externes EAP aufgelegt, in den USA gehört es in zahlreichen Firmen schon seit den 1930-er Jahren zum Angebot. Da – genau wie bei einer betriebsinternen Sozialberatung – an ein EAP eine Mischung aus gesundheitlichen, finanziellen, beziehungs- und kommunikationsbezogenen sowie psychologischen Fragen herangetragen werden kann, ist ein EAP ein integrierter Beratungsdienst mit angeschlossenen Experten. Das Prinzip: Ein zentraler Fallmanager bzw. Ansprechpartner bietet dem Mitarbeiter (aus seiner Sicht: dem „Kunden“) eine orientierende Basisberatung; teilweise werden sogar 24-Stunden-Erreichbarkeit per Telefon oder Internet offeriert, etwa für Akut- oder Notfallunterstützung. Für die vertiefende Behandlung der individuellen Problem-Themen lotst der Fallmanager den Kunden dann durch das Unterstützungssystem aus verschiedenen Berufen und Einrichtungen (Ärzte, Coaches, Psychotherapeuten, Kliniken, Reha-Einrichtungen, Paar- und Familientherapeuten, Suchtberater, Schuldnerberater, Betreuungs- und Pflegeeinrichtungen usw.). Berater und Coaches arbeiten teilweise unmittelbar für den EAP-Anbieter als dessen Angestellte. Meist sind sie jedoch selbstständige Vertragspartner, z. B. niedergelassene Ärzte sowie Therapeuten mit eigener Praxis am Standort. Der EAP-Fallmanager unterstützt den Kunden bei der Auswahl der passenden Anbieter bzw. Behandlungs-/Therapiemöglichkeiten, bei der Terminvereinbarung, der Behandlungs-/Therapiedurchführung und der Abrechnung.

Ein weiterer Nutzen eines externen EAP liegt in der Verbesserung der Qualität von Führung und Stressprävention im Unternehmen. EAP-Dienstleister bieten in der Regel auch Beratung und Supervision für Führungskräfte, Personalmanager, Werksärzte, Beauftragte für Betriebliches Gesundheitsmanagement, Diversity Manager, Demografie-Beauftragte, innerbetriebliche Sozialberater und Betriebsräte an. So können sich beispielsweise Vorgesetzte fachlich und emotional dabei unterstützen lassen, wie sie professionell mit psychisch angeschlagenen Mitarbeitern kommunizieren können, wie eine Wiedereingliederung nach längerem Klinikaufenthalt gelingt, wie Mobbing in einem Team zu unterbinden ist u. v. m. Außerdem haben EAP-Anbieter meist auch betriebliche Gesundheitsinformation im Angebot, etwa Infovorträge, E-Learning und Workshops für Mitarbeiter und Führungskräfte.

3. Finanzielle Unterstützung und Steuervorteile

Für betriebsinterne Sozialberatung und externe EAP-Beratung müssen Mitarbeiter nichts bezahlen, der Arbeitgeber trägt die Kosten. Der EAP-Service umfasst in der Regel den Erstkontakt, die Basisberatung, den Lotsendienst durch weiterführende Behandlungs-, Therapie- und Unterstützungsangebote sowie Akut- und Notfallunterstützung. Manche Anbieter stellen auch Kurzzeit-Coaching/Beratung und andere zeitlich befristete Beratungsleistungen zur Verfügung. Oft sind aber ein länger dauerndes psychologisches Coaching oder eine Psychotherapie angezeigt. Für solche Fälle bietet das deutsche Gesundheitssystem derzeit keine ausreichenden kassenfinanzierten Behandlungsmöglichkeiten. Laut dem Berufsverband Deutscher Psychologen und Psychologinnen müssen Erkrankte je nach Wohnort mehrere Monate bis zu einem Jahr auf einen Therapieplatz in einer kassenzugelassenen Praxis warten.[185] Es gibt am Markt zwar ausreichend Alternativen, etwa Privatpraxen oder ausgebildete und heilkundlich zugelassene Therapeuten ohne Kassensitz, jedoch fallen dort mangels Abrechnungsmöglichkeiten über Krankenschein für den Patienten privat zu tragende Kosten von 60 bis 200 Euro pro Behandlungsstunde an. Immer mehr Unternehmen entscheiden sich daher dafür, zumindest ihre Leistungs- und Know-how-Träger finanziell zu unterstützen und im Rahmen eines EAP eine Psychotherapie bzw. ein psychologisches Coaching auch über einen längeren Zeitraum zu bezahlen, um dem Mitarbeiter schneller wieder zu voller Leistungsfähigkeit und Motivation zu verhelfen. Konzerne unterhalten oft auch eigene, arbeitgeberfinanzierte Coaching- und/oder Therapeuten-Pools, aus denen sich Mitarbeiter einen Sparringspartner für ihre psychosozialen Anliegen auswählen können.

Ganz unabhängig von EAP, firmenfinanziertem Coaching- und Therapeuten-Pool oder Psychotherapie auf Kosten des Arbeitgebers können Unternehmen ihren Mitarbeitern freiwillig Geld für die Stressprävention zur Verfügung stellen. Diese gesetzlich reglementierten Leistungen sind das niederschwelligste Angebot, mit dem ein Arbeitgeber einen Arbeitnehmer beim Abbau von stressbedingten Belastungen oder dem Erlernen von Stressbewältigungskompetenz helfen kann. Das Prinzip: Bis zu 500 Euro jährlich kann das Unternehmen jedem Beschäftigten zusätzlich zum übrigen Entgelt (keine Gehaltsumwandlung!) gewähren – und das steuer- und sozialversicherungsfrei. Wegen der Sozialversicherungsfreiheit profitiert nicht nur der Beschäftigte, sondern auch das Unternehmen. Einsetzen darf der Mitarbeiter das Geld aber nur für Kurse der sogenannten Primärprävention nach § 20 Abs. 1 SGB V und für Angebote der betrieblichen Gesundheitsförderung nach § 20a SGB V in den Feldern Bewegungsgewohnheiten/arbeitsbedingte körperliche Belastungen, Ernährung, Stressbewältigung/Entspannung/psychosoziale Belastungen und Suchtmittelkonsum (z. B. Förderung des Nichtrauchens). Die Anbieter solcher Kurse müssen zahlreiche Voraussetzungen erfüllen (für Stresskurse z. B. einschlägige Basisausbildung sowie Zusatzqualifikation in Stress- oder Entspannungsmanagement); der Mitarbeiter muss seiner Lohnbuchhaltung nach dem Kurs die Rechnung vorlegen. Details regelt der sogenannte Präventionsleitfaden des Spitzenverbandes der

Gesetzlichen Krankenkassen. Allgemeine Angebote wie Fitnessstudio, Sportverein, Wellnesswochenende, Auszeiten als Gast im Kloster oder Lebensberatung können auf diesem Wege nicht abgerechnet werden.

Checkliste für Führungskräfte und Personalmanager

✓ Bieten Sie Ihren Mitarbeitern Informationen und zeitliche Freiräume, damit sie ihre allgemeine körperliche Verfassung stärken können, z. B. durch Sport und Ernährungsumstellung?

✓ Ermutigen Sie Ihre Mitarbeiter dazu, medizinische (Mit-)Ursachen für übermäßiges Stressempfinden, Erschöpfung und Fehlzeiten abzuklären und wirkungsvoll behandeln zu lassen?

✓ Geben Sie Ihren Mitarbeitern Informations- und finanzielle Unterstützung (z. B. Übernahme der Kinderkrippengebühren), um belastende Akut- oder Dauerumstände im Privatleben anzupacken, damit das hieraus resultierende Stressniveau nachhaltig sinkt?

✓ Ermutigen Sie Ihre Mitarbeiter, sich mit seinen Stress bzw. Burnout begünstigenden Persönlichkeitsmustern, Lebenserfahrungen, Erziehungsprägungen, Traumata usw. auseinanderzusetzen und diese zu transformieren?

✓ Bieten Sie Ihren Mitarbeitern Schulungen für Verhaltens- und Kommunikationstechniken an, die Stress und Konflikte abbauen und Gesundheit, Zufriedenheit und Leistungsfähigkeit begünstigen?

✓ Hat Ihr Unternehmen eine interne Sozialberatung oder ein externes Employee Assistance Programm? Kennen Sie die attraktiven Investitionsrenditen, die ein solches Programm verspricht?

✓ Unterstützen Sie Ihre Mitarbeiter finanziell bei der Inanspruchnahme von Psychotherapie, Lebensberatung oder Coaching? Oder bieten Sie unternehmensintern solche Beratungsleistungen an, etwa über einen eigenen Coaching-Pool?

✓ Bieten Sie Ihren Mitarbeitern den jährlichen Höchstbetrag von 500 Euro steuerfrei für Gesundheitspräventionskurse nach § 20 SGB an?

Auf einen Blick

Eine an der Salutogenese ausgerichtete Unternehmensführung gibt eine klare, motivierende und sinnstiftende Unternehmensvision vor - insbesondere in anspruchsvollen Phasen, etwa während einer Krise oder eines Veränderungsprojekts. Dabei sehen sich gesund geführte Unternehmen nicht als reine Profitmaximierer, sondern als Wertegemeinschaft mit einer Corporate Social Responsibility (CSR). Transportvehikel für Vision, Sinn, Werte und Verantwortung ist eine professionelle, transparente interne Kommunikation zwischen Management und Mitarbeitern. Gesund geführte Unternehmen investieren zudem bewusst in die psychosoziale Gesundheit ihrer Mitarbeiter, z. B. durch ein Employee Assistance Programm (EAP). All diese Maßnahmen kosten entweder kaum Geld oder sie erbringen eine attraktive Investitionsrendite in Form von motivierten, gesunden Mitarbeitern, die ihren Arbeitgeber weiterempfehlen.

3.3 Gesunde Selbstführung: Der Chef als Vorbild

In diesem Kapitel erfahren Sie, dass

- die gesunde Selbstführung, die Führungskräfte sich angedeihen lassen, wichtige Grundlage für das Gelingen salutogener Mitarbeiter- und Unternehmensführung ist.
- Konzepte für gesunde Führung umso erfolgreicher sind, je mehr die Verantwortungsträger mit ihrem Selbstmanagement, ihrer Persönlichkeit und ihrer individuellen Ethik dahinterstehen und aktiv zu ihrem Gelingen beitragen.

Schon der griechische Philosoph Aristoteles hat sich Gedanken darüber gemacht, worin die Wirk- und Überzeugungskraft eines Menschen begründet ist. Er definierte den Dreiklang

- logos
- pathos
- ethos

Überträgt man diesen Ansatz auf den modernen Führungsalltag, so erhält man das Idealbild eines Managers, der

- rationale und funktionale Intelligenz hat (logos),
- sozial und emotional kompetent und reif ist (pathos) und
- sein ökonomisches Handeln an ethischen Prinzipien ausrichtet (ethos).

Bezogen auf den Anspruch salutogener Selbstführung bedeuten die drei Ebenen: Die sich selbst (und damit auch andere) gesund führende Führungskraft übt sich in:

1. Selbstmanagement: In einem Berufsalltag mit immer mehr Leistungsdruck ist es eine Schlüsselqualifikation der salutogenen Selbstführung, klug und nachhaltig mit seinen individuellen Ressourcen hauszuhalten. Beim Selbstmanagement geht es daher um die Definition persönlicher Prioritäten (Effektivität), professionelle und zielführende Arbeitstechniken (Effizienz), die Pflege von Körper und Gesundheit (Vitalität) sowie Regeneration und Entspannung (Stressmanagement).

2. Persönlichkeitsentwicklung: Chefs werden weit mehr von (teils unbewussten) Persönlichkeitsmustern und Antreibern geleitet, als es ihnen lieb ist. Das Idealbild von der rationalen Führungskraft ist ein Mythos. De facto geht es darum, den Einfluss der eigenen Persönlichkeit auf das Führungsverhalten und den eigenen Umgang mit Stress zu erkennen und zu optimieren. Eine reife, stimmige Führungspersönlichkeit kann nicht nur sich selbst, sondern auch andere zu

sinnvoller und gesunder Höchstleistung anspornen. Sie tappt auch seltener in Führungsfallen wie Harmoniestreben oder Machtspielchen.

3. Werteorientierung: Eine Langzeitstudie zur Zufriedenheit von Menschen zeigt, dass bewusste und mit dem eigenen Wertesystem in Einklang stehende Entscheidungen im Berufs- und Privatleben die Lebensqualität entscheidend steigern[186] – und damit auch die individuelle Gesundheit. Aber auch Mitarbeiter setzen sich umso überzeugter für einen Vorgesetzten ein, der klare ethische Leitplanken hat und vorgibt.

Selbstmanagement	**Gesunde Selbstführung**	**Werteorientierung**
Persönlichkeitsentwicklung		

Abb. 9: Bereiche gesunder Selbstführung im Überblick

Von derart praktizierter gesunder Selbstführung profitiert die Führungskraft – aber auch die Mitarbeiter und das Unternehmen als Ganzes haben Vorteile: Aus der Kindererziehung ist bekannt, dass Einsicht und Veränderung beim anderen auf Dauer nur bewirkt, wer selbst mit gutem Beispiel vorangeht. In der Psychologie heißt dieses Phänomen Modell-Lernen.[187] Der Chef kann dabei als Benchmark dienen („So will ich auch sein.“) oder Erlaubnisgeber sein („Wenn der/die das tut, darf ich das auch.“). Der dänische Familientherapeut Jesper Juul: „Kinder lernen weniger durch Worte als vielmehr durch das, was die Eltern vorleben. Das ist in Unternehmen nicht viel anders.“[188] 92 Prozent der Mitarbeiter wünschen sich beispielsweise ehrlich-selbstkritische Chefs, nur 48 Prozent arbeiten aber nach eigenen Angaben unter einem derartigen Vorgesetzten.[189] Und sechs von zehn Beschäftigten zweifeln sogar generell an der persönlichen Eignung ihres Chefs für eine Führungsaufgabe.[190] So werden Chancen verschenkt, denn die vorbildhafte Selbstführung des Chefs ist einer der wichtigsten Motivations- und Loyalitätsförderer für die Mitarbeiter. Der US-Internetkonzern Google fand beispielsweise bei der Analyse der Kündigungsgründe von Mitarbeitern heraus, dass der ausschlaggebende Grund meist ein handwerklich und/oder persönlich defizitärer Vorgesetzter war.[191]

3.3.1 Selbstmanagement

Selbstmanagement ist der Versuch, Methoden und Instrumente des Unternehmensmanagements auf die Gestaltung des eigenen Lebens zu übertragen.[192] Wie ein Unternehmen hat auch ein Mensch Ziele und Prioritäten (beim Selbstmanagement spricht man von Effektivität und Life Balance), die er mit professionellen und zielführenden Umsetzungsstrategien (Effizienz) erreichen will. Ebenso wie ein Unternehmen verfügt auch der Mensch dafür nur über begrenzte Ressourcen, die er sorgsam pflegen muss (Vitalität und körperliche Gesundheit) sowie regelmäßig wiederauffüllen sollte (Regeneration und Entspannung durch Stressmanagement).

1. Effektivität und Effizienz: Was ist wichtig und wie erreicht man es?

Effektivität hat ein Mensch erreicht, wenn er die richtigen Dinge tut – nämlich die, die ihn seinen zentralen Zielen näherbringen. Gerade Führungskräfte, auf denen besondere Verantwortung lastet, sollten sich daher in regelmäßigen Abständen fragen, welches jenseits der Tageshektik ihre übergeordneten persönlichen Ziele und Prioritäten sind. Eine derart systematische Zielarbeit müsste Führungskräften eigentlich leicht fallen, denn im Geschäftsleben kennen sie bereits „leadership by objectives" – also die Steuerung eines Unternehmens mit Umsatz-, Rendite-, Wachstums-, Markt- und Kostenzielen. Aus dem Business wissen sie auch: A-Prioritäten werden mehr, B- und C-Prioritäten weniger Ressourcen (Zeit, Aufmerksamkeit, Budget usw.) zugewiesen. Genauso sollten es die Führungskräfte mit ihren persönlichen Zielen halten. Dafür müssen sie aber erst einmal wissen, welche Menschen, Projekte und Umstände im Leben wichtig sind (s. u. Life Balance). Die Psychologie lehrt, dass Menschen mit klaren persönlichen Zielen und Prioritäten zufriedener und motivierter sind und auch andere stärker mitreißen können (Mitarbeitermotivation). Zeitliche (und emotionale) Freiräume für ihre Zielarbeit verschaffen sich Führungskräfte mit dem konsequenten Einplanen von Regenerationsphasen sowie effizienzsteigernden Arbeitstechniken.

Ziele zu haben und diese motiviert und mit Ressourceneinsatz umzusetzen, bedeutet nicht zwangsläufig, unter Stress zu leiden. Quellen von Stress liegen viel häufiger in unprofessioneller Organisation und Reibungsverlusten. Dies gilt auch und vor allem für Führungskräfte, die ja nicht nur sich selbst und ihre Aufgaben managen müssen, sondern auch noch Abteilungen, Teams und Projekte zu koordinieren haben. Abhilfe schaffen effiziente Arbeitstechniken. Effizienz hat ein Mensch erreicht, wenn er die für ihn richtigen Dinge (s. o.) richtig umsetzt – also professionell, qualitätsvoll, zielführend, ressourcenschonend usw. Schlüsselqualifikationen hierfür sind

- Analyse und Planung
- Zeitmanagement und Kalenderverwaltung
- Projektmanagement
- Arbeitsplatzgestaltung
- Selbstdisziplin und -steuerung
- die Fähigkeit zu entscheiden und delegieren.

Weder gesund noch langfristig leistungssteigernd ist indes Multitasking.[193] Im Idealfall hat ein Vorgesetzter Metaqualifikationen der Effizienz an der Universität oder Business School gelernt und im Rahmen der betrieblichen Personal- und Führungskräfteentwicklung vervollkommnet. Andernfalls herrscht Nachschulungsbedarf. Eine in Effizienztechniken qualifizierte Führungskraft erhöht die eigenen Chancen auf Zielerreichung und Stressabbau, ist Vorbild für die Mitarbeiter und bietet diesen mit höherer Wahrscheinlichkeit salutogene Rahmenbedingungen.

2. Vitalität und Gesundheit: Wie stark ist der Körper?

Der Körper hängt auf das Engste mit der menschlichen Psyche zusammen. Körperliche Gesundheitsprävention ist daher psychische Gesundheitsprävention und umgekehrt. Zudem steigert ein gesund und kraftvoll aussehender Körper Autorität und Karrierechancen eines Menschen. 1986 hielten gerade einmal sechs Prozent der deutschen Führungskräfte das attraktive und vitale Äußere als beruflichen Einstiegs- und Erfolgsfaktor; 2008 war der Wert auf 32 Prozent in die Höhe geschossen.[194] Eine Untersuchung der Universität Tübingen zeigt, dass Personalentscheider übergewichtigen Menschen fast nie einen Beruf mit hohem Prestige zutrauen und sie seltener für eine Abteilungsleiterstelle auswählen.[195] Für Führungskräfte sind diese empirischen Ergebnisse – neben der Steigerung der eigenen Lebensqualität und -erwartung – Grund mehr, in ihre Körpergesundheit zu investieren. Diese Faktoren sind entscheidend:

- Ist das Körpergewicht im Normbereich des Body-Mass-Index (Gewicht in Kilogramm geteilt durch Körpergröße zum Quadrat zwischen 18,5 und 25). Zudem sollte bei Frauen der Körperfettanteil in etwa 30 Prozent und bei Männern 20 Prozent nicht überschreiten.

- Gibt es im Alltag genug Zeit für Sport? Die Expertenempfehlungen über Dauer und Häufigkeit sind uneinheitlich und hängen auch von den individuellen Fitnesszielen ab.

- Stimmt die Haltung? Die Körperhaltung ist ein Spiegel der Seele. Umgekehrt kann aber auch eine bewusst eingenommene Körperhaltung die mental-psychische Kraft beeinflussen. Die US-amerikanische Northwestern University hat herausgefunden: Je aufrechter die Körperhaltung, desto größer das Selbstbewusstsein. Probanden, die bewusst eine offene, aufrechte Körperhaltung einnahmen, wussten bei Rollenspielen die besseren Antworten und agierten aktiver.[196]

- Ist der Schlaf ausreichend und erholsam? 70 Prozent der Deutschen klagen über gelegentliche bis häufige Schlafprobleme und haben damit ein erhöhtes Risiko für Burnout, psychische Leiden, Übergewicht, Diabetes, vorzeitige Alterung u.v.m.[197] Immer mehr Wissenschaftler plädieren sogar dafür, dass Unternehmen ihren Mitarbeitern Akzeptanz und Rahmenbedingungen für einen Mittagsschlaf am Arbeitsplatz geben sollten.[198]

- Gibt die Ernährung genug Kraft? Zu viele Kohlehydrate aus Weißmehl und Zucker, zu viele ungesunde Industriefette aus Fastfood, zu viele künstliche Aromen und Zusatzstoffe, zu wenig Ballaststoffe und vollwertige Kohlehydrate, zu wenig hochwertiges Eiweiß – so lauten zusammengefasst die Ernährungsfehler der meisten Menschen in den Industrienationen. Der Zusammenhang zwischen langjähriger schlechter Ernährung und einem erhöhten Stress- und Burnout-Risiko ist vielfach wissenschaftlich belegt.

- Wird der Konsum von Genuss- und Suchtmitteln dosiert? Das am gravierendsten gesundheitsschädigende Genussmittel ist Zucker. Die Weltgesundheitsorganisation (WHO) empfiehlt eine Obergrenze von 50 bis 60 Gramm pro Tag – diese Menge nimmt man mit nur einem süßen Kaffestückchen zu sich. Suchtmittel wie Zigaretten sollte eine gesundheitsorientierte Führungskraft im Beisein von Mitarbeitern (und auch am besten generell) gar nicht konsumieren; auch Alkohol hat im Alltag am Arbeitsplatz nichts zu suchen.

3. Stressmanagement: Wie füllen sich die Akkus wieder auf?

87 Prozent der Vorgesetzten beobachten an sich selbst, dass sie trotz verstärkter öffentlicher Debatte und betrieblicher Informationskampagnen ihr Stress- und Burnout-Risiko immer noch verharmlosen und unterschätzen. Dies mag zum Teil damit zu tun haben, dass Führungskräfte ihren Arbeitgebern in der Kategorie „Erkennen und tatsächliche Berücksichtigung unserer Belastungsgrenzen" nur die Schulnote drei bis vier geben.[199] Eine weitere Ursache ist jedoch sicher mangelndes individuelles Stressmanagement. Die Folge: Jede vierte Führungskraft hat Untersuchungen der Ruhr-Universität Bochum zufolge eine starke vitale Erschöpfung, die sich in Müdigkeit und chronischem Energiemangel zeigt und als Vorstufe zum Burnout gilt.[200] Männer sind dabei laut dem 2010 erstmals erschienenen „Männergesundheitsbericht" überdurchschnittlich häufig von stressassoziierten Belastungen und Erkrankungen betroffen, da sie zum einen tendenziell einen ungesünderen Lebenswandel pflegen und zum anderen aufgrund von eigenem und gesellschaftlichem Idealbild gar nicht oder zu spät professionelle Gegenmaßnahmen oder Behandlungen in Anspruch nehmen.[201]

Um aber ein System langfristig erfolgreich bewirtschaften zu können, darf man ihm immer nur so viel entnehmen, wie man an anderer Stelle auch wieder zuführt. Dies ist der Kerngedanke des in unseren Tagen so viel zitierten Prinzips der Nachhaltigkeit. Nachhaltig bewirtschaften Forstwirte ihre Wälder, indem sie Holzeinschlag und Aufforstung in der Balance halten. Nachhaltig sollte Personalentwicklung sein, damit in den Ruhestand gehende Beschäftigte mit (idealerweise selbst ausgebildetem) Nachwuchs ersetzt werden können. Es gibt viele weitere Beispiele. Nur ihren eigenen Energiehaushalt steuern viele Menschen nicht nach diesem klugen Prinzip, sondern betreiben statt systematischer Regeneration Raubbau an den eigenen Ressourcen. Dabei wussten schon die mittelalterlichen Mönche, dass in der Regel „ora et labora" der Schlüssel zu gesunder Höchstleistung liegt. Diese Ansatzpunkte für Regeneration gibt es:

- Gelingt die Abgrenzung? Führungskräfte sind durch ihr eigenes Verhalten Vorbild in Sachen Abgrenzungsfähigkeit. Dazu gehören die bereits beschriebenen Aspekte wie Begrenzung der täglichen und wöchentlichen Arbeitszeit; Phasen der Nicht-Erreichbarkeit abends, am Wochenende und während des Urlaubs; echte Mittagspausen; Urlaub nicht verfallen lassen; bei Erkrankung zu Hause bleiben; bei chronischer Überlastung neue Prioritäten mit dem Vorgesetzten aushandeln usw. Bei all diesen Verhaltensweisen kommt besonders stark der Mechanismus des Modell-Lernens (s. o.) zum Tragen: Führungskräfte, die hier gesunde Selbstführung praktizieren, geben ihren Mitarbeitern die Erlaubnis und die Motivation, es ihnen gleich zu tun.
- Stimmt die Life Balance? Einer der am häufigsten gebrauchten Begriffe in der aktuellen Stress- und Gesundheitsdiskussion hat zugleich am meisten zur Verschärfung des Problems beigetragen. Die Rede ist vom Wort „Work-Life-Balance". Es suggeriert, dass Arbeit kein Teil des Lebens, dass Arbeit tendenziell stressig und krankmachend und das „restliche" Leben tendenziell beglückend und kräftigend sei. Keine dieser Annahmen stimmt. Man kann Kraft, Freude und Sinn aus allen drei großen Feldern menschlicher Betätigung ziehen: dem Beruf, dem Familien- und Privatleben und der gesellschaftlichen Arbeit im Ehrenamt. Und alle drei Felder können Quelle von Frust, Belastung und gesundheitlichen Risikofaktoren sein. Entscheidend ist das Gleichgewicht im Leben als Ganzes: Ein gestresster Vielarbeiter wünscht sich vielleicht mehr Freizeit und ein Arbeitsloser eine neue sinnvolle Aufgabe. Ein in Vollzeit berufstätiger Vater sehnt sich vielleicht nach mehr Zeit mit seinen Kindern und eine gut ausgebildete Mutter nach

einer anspruchsvollen Vollzeitstelle, die ihrer Qualifikation entspricht und ihr später eine ausreichende Rente sichert. Ein Mensch im Hamsterrad von Berufs- und Familienpflichten träumt vielleicht von einem sinnstiftenden Ehrenamt oder Kreativhobby, während viele der Generation 55plus gerne noch ihren Mann bzw. ihre Frau in einem bezahlten Job stehen würden statt in die Frührente aussortiert zu werden. Pauschale Antworten für eine gesunde Life Balance gibt es nicht. Entscheidend ist, dass man bewusst sein individuelles Gleichgewicht definiert und als Führungskraft seinen Mitarbeitern auch transparent vorlebt – so wie z. B. der britische Premierminister David Cameron, von dem man sich erzählt, er verbringe von wenigen Ausnahmen abgesehen die Sonntage auf seinem Landsitz und einen Abend pro Woche als „date night“ mit seiner Ehefrau.[202]

- Sind die Familien- und Haushaltspflichten fair verteilt? Frauen verrichten laut OECD täglich fast zwei Stunden länger unbezahlte Haus-, Familien- oder Ehrenarbeit als Männer.[203] Die Arbeitsteilung im privaten Haushalt folgt in Deutschland also immer noch überwiegend traditionellen Rollenbildern. Für berufstätige Frauen bedeutet dies zwangsläufig ein erhöhtes Stressrisiko, da die Zeit zur Regeneration und für energiespendende Hobbys oder Sozialkontakte kleiner ist Das Aushandeln neuer Regeln mit dem Lebenspartner und den Kindern schafft Raum für Verbesserungen.

- Gibt es Raum zum echten Abschalten? Viele Menschen verwechseln Freizeit mit Regeneration. Dabei können außerberufliche Aktivitäten mit Familie, Freunden, beim Hobby oder im Urlaub genauso stressig sein wie der Arbeitsplatz. Schöpferische und produktive Pausen (Sabbatjahr o. ä.), Phasen zum „Seele baumeln lassen“, Rückzug (z. B. während eines Klosteraufenthaltes), Reizreduzierung (Schweigeseminare, Heilfasten o. ä.) wirken sich nachweislich positiv auf die körperliche und seelische Gesundheit, die Robustheit gegen Stress und die Leistungsfähigkeit aus. So fand die University of Michigan beispielsweise heraus, dass Menschen nach einer Mittagspause im Botanischen Garten besser gelaunt und leistungsfähiger waren als nach einem Bummel durch die Stadt.[204] Ein Grund ist das Bedürfnis des Gehirns nach Phasen des neuronalen Ordnens: Wenn äußerer Input ganz fehlt oder reduziert ist, verarbeitet das Gehirn Gelerntes, sortiert das Gedächtnis und versichert sich der eigenen Ziele. Daraus leitet sich u. a. auch die Bedeutung ausreichenden Schlafs ab (s. o.).

- Lassen die Pflichten Platz für „Ego-Zeit“? Eines der häufigsten Missverständnisse beim Stressmanagement ist, dass außerhalb des Berufs verbrachte Zeit automatisch „Frei-Zeit“ im Sinne von „Zeit für mich selbst“ ist. Für viele beginnt nach Feierabend aber nur das Abarbeiten einer langen Liste außerberuflicher Pflichten: Haushalt und Kinder, älter werdende Eltern, Verein und Ehrenamt u. v. m. Zusätzlich sollte in jedem persönlichen Kalender regelmäßig „Ego-Zeit“ eingeplant werden – Zeit, in der man nichts für und mit anderen tut, z. B. lesen, Spazieren gehen, tagträumen, Körperpflege, Sauna.

Checkliste für Führungskräfte und Personalmanager

- ✓ Ermuntern bzw. schulen Sie Ihre Führungskräfte/Sie sich selbst, professionelle Selbstmanagement-Techniken zu praktizieren?
- ✓ Sehen die Zielvereinbarungen in Ihrem Unternehmen vor, dass Führungskräfte sich neben rein operativ-ökonomischen Zielen auch übergeordnete persönliche Ziele setzen?
- ✓ Schulen Sie Ihre Führungskräfte/Sie sich selbst in effizienten Arbeitstechniken wie Zeit- und Projektmanagement, Entscheidungs- und Delegierkompetenz?
- ✓ Unterstützen Sie Ihre Führungskräfte/kümmern Sie sich selbst um persönliche Fitness und Gesundheitsvorsorge, etwa durch Programme zu Ernährung, Sport, Schlafhygiene, Suchtmittelausstieg?
- ✓ Unterstützen Sie Ihre Führungskräfte/kümmern Sie sich selbst um persönliches Stressmanagement und Burnout-Prävention?
- ✓ Gestattet Ihr Unternehmen seinen Führungskräften Abgrenzung, z. B. Zeiten von Nicht-Erreichbarkeit?
- ✓ Kann man in Ihrem Unternehmen erfolgreich Führungskraft sein und dabei seine Life Balance wahren?

3.3.2 Persönlichkeitsentwicklung

Viele (Selbst-)Führungskonzepte stehen unter der Prämisse, dass der Mensch ein rational, bewusst und kontrolliert handelndes Wesen ist. Psychologie, Psychotherapie, Hirnforschung und andere wissenschaftliche Disziplinen belegen hingegen, dass der Mensch stark emotional determiniert ist und zu einem mehr oder minder großen Teil von seinem Unterbewusstsein gesteuert wird. Auch Manager sind also von Gefühlen und unbewussten Persönlichkeitsmustern gelenkt. Dies kann positive und negative Auswirkungen haben:

- Emotionale Manager sind bessere Strategen: In einer Studie führten Wissenschaftler Hirnscans bei Teilnehmern eines MBA-Programms durch und ließen sie dabei strategische Aufgaben lösen. Die Personen mit den aussichtsreichsten Konzepten zeigten dabei signifikant weniger Aktivitäten in der Großhirnrinde (Sitz des Verstandes) als in den Hirnregionen, die Bauchentscheidungen, Empathie und emotionale Intelligenz ermöglichen.[205]

- Manager sind oft schwierige Zeitgenossen: Unter Führungskräften findet man überdurchschnittlich häufig Persönlichkeitseigenschaften wie Narzissmus (unkritisches, übersteigertes Selbstbewusstsein), Impulsivität, mangelndes Einfühlungsvermögen bis hin zu Gefühlskälte sowie Freude an der Manipulation.

Einer der Vorreiter der wissenschaftlichen Untersuchung der Managerseele – der Niederländer Manfred Kets de Vries, Professor an der französischen Kaderschmiede INSEAD – rät daher schon seit den 80-er Jahren mit provozierenden Publikationen wie „The Leader on the Couch“[206] und „Führer, Narren und Hochstapler“[207]: Manager, die sich persönlich nicht in der Balance befinden, kosten Unternehmen viel Geld, weil sie Fehler machen und Mitarbeiter demotivieren. Daher sollten gerade Führungskräfte wissen,

- welche Kräfte und Energien in ihrer Persönlichkeit wirken,
- wie sich das auf ihr Führungsverhalten auswirkt,
- welche Risiken ihnen selbst und ihren Mitarbeitern dadurch entstehen,
- wie Dysbalancen in der Persönlichkeit ausgeglichen werden können und
- welche mentale Haltung grundsätzlich den Führungserfolg und die Stressbewältigung begünstigt.

1. Welche Kräfte und Energien in einer Persönlichkeit wirken

Jeder Mensch besteht aus innerpsychischen Anteilen, Mustern und Energien, wie schon Goethe mit seinem Satz „Zwei Seelen wohnen, ach, in meiner Brust.“ wusste. Psychologie, Psychotherapie, Sozial- und Kommunikationswissenschaften kennen zahlreiche Erklärungsmodelle. Hier die wichtigsten im Überblick:

- Das innere Team: Das Persönlichkeitsmodell von Friedemann Schulz von Thun[208] beschreibt die Gesamtpersönlichkeit als individuell zusammengesetztes inneres Team. Beispiele: Wird ein Kollege von einem anderen um Unterstützung gebeten, kann bei dem Gefragten innerseelisch der „Hilfsbereite“ gegen den „Ehrgeizigen“ stehen – mit völlig unterschiedlichen Antworten auf die Frage „Helfe ich oder nicht?“ Muss ein Chef entscheiden, ob er einen fähigen Mitarbeiter fördert, könnte in seinem inneren Team der „Unsichere“ sagen: „Der kann dir dann aber gefährlich werden, halte den bloß klein.“, während der „Genießer“ meint: „Prima, gib dem Mitarbeiter ruhig etwas von deinen Aufgaben ab, umso mehr Freizeit bleibt uns.“ Bei einem reifen Menschen moderiert der innere „Teamführer“ (das erwachsene Ich) solche Konflikte und führt eine tragfähige Lösung herbei.

- Inneres Kind und innerer Kritiker: Eine breite Strömung in der Psychologie[209] geht davon aus, dass der Mensch Erfahrungen der Kindheit speichert und als „inneres Kind“ bis ins Erwachsenenalter mit sich herumträgt bzw. sich von diesem Persönlichkeitsanteil beeinflussen lässt. Ein entmutigtes, ängstliches inneres Kind kann sich beispielsweise in niedrigem Selbstwertgefühl und Versagensängsten ausdrücken, die einen Vorgesetzten entweder vor Herausforderungen oder klaren Entscheidungen zurückschrecken lässt oder ihn – mittels Kompensation – zu einem kontrollorientierten Machtmenschen macht. Beides sind keine guten Voraussetzungen für einen salutogenen Führungsstil. Sehr eng verwandt damit ist das Konstrukt vom „inneren Kritiker“ – der Persönlichkeitsinstanz, die einen Menschen im Idealfall zur Selbstreflexion und ständigen Perfektionierung anhält, ihn im ungünstigen Fall aber fortwährend demoralisiert, zu noch mehr Leistung peitscht und nie ein Zufriedenheitsgefühl zulässt.

- Archetypen: Einer der Begründer der Tiefenpsychologie, Carl Gustav Jung, nimmt in der Psyche des Menschen grundlegende Urmuster und Instanzen an, die er Archetypen nennt.[210] Ein

Archetyp repräsentiert oft grundsätzliche Themen wie Männlichkeit, Weiblichkeit oder Tod. Die bekanntesten Kategorien Jungs sind Animus (die männlichen, gestaltenden, aggressiven Energien in jedem Menschen – Männern und Frauen), Anima (die weibliche, ausgleichende, passive Energie in jedem Menschen) und der Schatten (die völlig verdrängte, ungewollte Seite der eigenen Persönlichkeit, etwa der „Täter", der „Schwache" oder der „Abenteurer"). Nicht ausbalancierte Animus- und Anima-Energien sowie der Schatten wirken aus dem Unterbewusstsein und erschweren oft reife, gesundheitsförderliche Verhaltensweisen.

- Antreiber: Der US-Psychologe Eric Berne hat das Modell der Antreiber entwickelt.[211] Es sind dies innerseelische, meist vom Elternhaus eingeimpfte Programmierungen, die ins Unbewusste abgedriftet sind und den erwachsenen Menschen stark beeinflussen können. Typische Antreiber sind „Sei perfekt", „Mach's jedem recht", „Beeil dich", „Sei stark", „Streng dich an" und „Sei vorsichtig".

2. Wie sich die Persönlichkeit im Führungsalltag auswirkt

Der individuelle Mix aus Persönlichkeitsanteilen. Mustern, Antreibern und Programmierungen entscheidet darüber, wie eine Führungskraft ein an sich neutrales Ereignis wahrnimmt, bewertet (Emotionen), gedanklich einordnet (Kognitionen) und umsetzt (Handlung). Als Beispiel soll hier gelten: Der Vorstand eines Unternehmens verabschiedet eine Führungsleitlinie, die künftig von den Vorgesetzten stärker kommunikatives und stressminderndes Verhalten verlangt und dieses auch bonusrelevant macht.

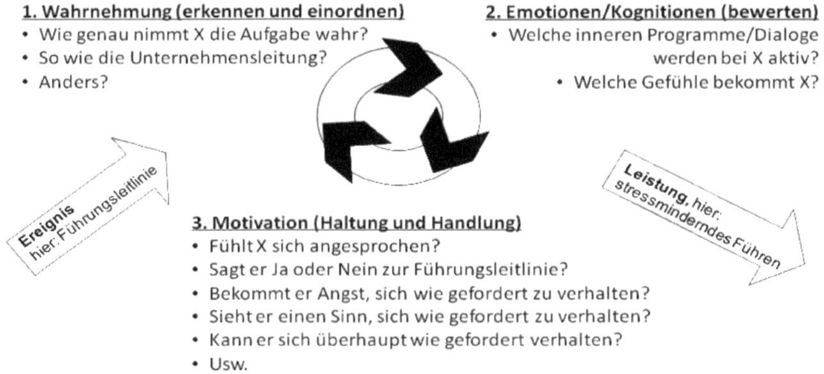

Abb. 10: Vom Ereignis zur Leistung – der Filter von Emotion und Kognition

Zwei Führungskräfte unterschiedlicher Persönlichkeitsausprägung werden sehr wahrscheinlich verschieden reagieren:

	Führungskraft X	Führungskraft Y
Inneres Grundmuster	verschlossen, kontrollorientiert, im Kern unsicher	selbstbewusst, kontaktfreudig, kann gut delegieren
Wahrnehmung	nimmt Betonung offener Kommunikation in der Führungsleitlinie wahr, ist aber inhaltlich nicht überzeugt	nimmt Betonung offener Kommunikation in der Führungsleitlinie wahr und stimmt völlig zu
Emotionen	Angst und Unbehagen vor offenen, intensiven menschlichen Kontakten	Vorfreude auf offene, intensive menschliche Kontakte
Kognitionen	„Das kann ich nicht." „Zeige anderen nicht zu viel von dir." „Viel reden ist ein Zeichen von Schwäche."	„Endlich kann ich mich entfalten." „Ich liebe den Dialog mit Menschen." „Gemeinsam können wir mehr erreichen."
Motivation/Verhalten	**bremsen, verhindern, verweigern**	**mitwirken, verbessern, vorleben**

Abb. 11: Reaktion zweier Führungspersönlichkeiten auf eine neue Führungsleitlinie

Je nach Persönlichkeitsausprägung wird sich Führungskraft X der neuen Führungsleitlinie also eher verweigern und versuchen, ihre Umsetzung im Führungsalltag auszubremsen. Führungskraft Y hingegen fühlt sich von den Vorgaben der Leitlinie in seiner Grundpersönlichkeit bestätigt und wird sich tendenziell motiviert dafür einsetzen, sie mit Leben zu füllen und gegenüber seinen Mitarbeitern vorzuleben.

Ein weiteres Beispiel: Führungskraft A hat sich nie grundsätzlich mit seiner mental-emotionalen Verfassung beschäftigt. Natürlich kennt er Angst, Zweifel, inneren Stress – aber das drückt er weg, weil er den Umgang mit solchen inneren Dynamiken nicht gelernt hat, weil er mentale Programmierungen wie „Mit Schwäche kommt man nicht weiter." oder „Wer nicht mithalten kann, wird untergehen." hat und weil ihn Gefühle und Selbstzweifel generell ängstigen. A übt daher einen kontroll- und leistungsorientierten Führungsstil aus. Sich selbst fordert er sehr, will Vorbild durch Überstunden, Präsentismus trotz schwerer Erkältung und eine generell nassforsche Haltung sein. Führungskraft B ist dank einer anderen biografischer Erfahrung und/oder dank eines erfolgreichen psychologischen Coachings in der Lage, reif und verantwortungsbewusst mit Angst, Zweifel und innerem Stress umzugehen. B hat mentale Umprogrammierungen eingeübt und Überzeugungen verankert wie „Ich bin gut genug, wenn ich stets mein Bestes gebe." oder „Fehler sind kein Weltuntergang, solange man aus ihnen lernt." B kennt und praktiziert außerdem Bewältigungsmechanismen wie Selbstcoaching, Mentaltraining, Entspannungsübungen usw. Dies bringt B die Gewissheit, kein hilfloses Opfer der Umstände und kein Hamster im Rad zu sein, sondern ein selbstbestimmter Mensch mit einem Wert, der sich nicht nur aus beruflichen Erfolgen bemisst

Wie gehen Führungskraft A und B wohl mit Angst, Zweifel, innerem Stress und dem daraus resultierenden Unterstützungsbedarf eines Teammitglieds um? Nehmen wir einmal an, eine junge Mitarbeiterin weist stark rückläufige Arbeitsleistung auf. Sie meldet sich vermehrt krank. Auch ihr Wesen verändert sich, sie zieht sich sozial immer mehr zurück. Was niemand weiß: Die gerade laufende Scheidung stürzt die Kollegin in schwere Angstzustände und Existenzsorgen, sie leidet seit Wochen an Schlafstörungen und nimmt Beruhigungsmittel. Die Kollegen sind besorgt, stöhnen aber auch unter der Mehrbelastung durch die aktuellen Schwächen der Kollegin. Welches Führungsverhalten ist von Chef A und Chef B zu erwarten?

	Führungskraft A	**Führungskraft B**
Erste Reaktion des Chefs	Kommuniziert nur im Rahmen der turnusmäßigen Leistungsüberprüfung und Zielgespräche; dadurch ggf. Zeitverlust	Sucht früh und informell Gespräch mit der Mitarbeiterin ohne förmliche „Drohkulisse"
Fokus des Chefs	Mitarbeitern soll altes Funktionsniveau wieder erreichen; Kollegen sollen nicht länger in ihrer Leistung behindert werden	Ergründen der Ursachen für die Probleme: Welche Sicht hat die Mitarbeiterin (Selbstverantwortung, Lösungsperspektiven)? Was kann der Arbeitgeber tun?
Argumente und Kommunikationsstil	Tendenziell rationale, zahlengetriebene Argumente; Kritik, Appelle, Druck, Drohen mit Konsequenzen	Gewaltfreie Kommunikation, Beobachtungen, Ich-Botschaften, Unterstützungsangebote, Selbstverantwortung der Mitarbeiterin stärken, klare Artikulation einer Verbesserungs-Erwartung
Empathie/Umgang mit Emotionen der Mitarbeiterin	Wenig Empathie; mental-emotionale Themen werden eher gemieden	Größere Empathie; souveräner, angstfreier und respektvoller Umgang mit mental-emotionalen Themen
Offenheit der Mitarbeiterin	Sehr begrenzt; Sonderbelastung der Scheidung versucht sie zu verbergen	Groß; Sonderbelastung der Scheidung kommt zur Sprache
Salutogene Führungsansätze	Wenige	Vorübergehende Entlastung, Umorganisieren der Arbeit, Entwickeln Lösungen/Perspektiven, Informationen über Coaching und Therapie

	Führungskraft A	Führungskraft B
Mögliche Perspektive	Druck auf Mitarbeiterin wächst, häufigere Krankheitstage bis hin zu ggf. Burnout, längerer Ausfall, wirtschaftlicher Schaden für das Unternehmen, Schaden für Betriebsklima	Mental-emotionale Entlastung der Mitarbeiterin, sie setzt sich für Verbesserung der Situation ein, Chance auf Abwendung einer schweren Krise, Vertrauensgewinn für den Chef bei allen Kollegen

Abb. 12: Auswirkungen der Chef-Persönlichkeit auf das Führungsverhalten

Um einem Missverständnis vorzubeugen, das der salutogenen Führung immer wieder entgegengebracht wird: Führungskraft B verwechselt ihren humanen, lösungsorientierten Stil nicht mit einem „Schmusekurs". Ganz im Gegenteil. Gerade die mental-emotional geklärte und reife Führungskraft B ist in der Lage, Tacheles zu reden, klare Vorgaben zu machen, bei ihrem Kurs zu bleiben und die Mitarbeiterin zu guter Leistung anzuspornen. Sie kann das, weil sie zwischenmenschliche Reibungen, unterschiedliche Meinungen und sogar Konfliktsituationen aushalten kann und das Besprechen mental-emotionaler Themen kein Tabu für sie ist.

3. Welche Risiken für Führungskraft und Mitarbeiter entstehen

Die überdurchschnittliche Ausprägung von Persönlichkeitsanteilen birgt Risiken für die Führungskraft selbst, aber auch für die Mitarbeiter. Die Risiken der Führungskraft sind im Wesentlichen:

Persönlichkeitsanteil/ Muster	Chef-Wirkung auf den ersten Blick	Dahinterliegendes Grundmuster	Risiken für die Führungskraft
Sei perfekt	leistungsstark, autonom, gründlich	lässt sich nicht helfen, „innere Peitsche", Perfektionismus	• Stress • Burnout • Depression • Ängste/Panikanfälle • Somatisierung unterdrückter Gefühle • Krankheit als Hilfeschrei • Schlafstörungen • Konzentrations- und Aufmerksamkeitsstörungen • Suchtmittelmissbrauch • u. v. m.
Mach's jedem recht	beliebt, sozial, teamorientiert, hilfsbereit	„Mülleimer" für andere, nicht Nein sagen, konfliktscheu	
Beeil dich	Motivator, Macher, engagiert,	lädt sich zu viel auf, Hektiker, Chaos	
Sei stark	bewahrt Ruhe, gleichmäßig, zuverlässig	fragt nicht nach Hilfe, frisst in sich hinein	

Persönlichkeitsanteil/ Muster	Chef-Wirkung auf den ersten Blick	Dahinterliegendes Grundmuster
Streng dich an	interessiert, aufgeschlossen, „Fleiß & Schweiß“	arbeitet zu viel, Spaß darf nicht sein
Sei vorsichtig	besonnen, abwägend, ruhig, bleibt auf dem Teppich	entscheidungsschwach, bleibt unter seinen Möglichkeiten, innovationsfeindlich
inneres Kind	genussfähig, spielerisch, einfühlsam, spontan	zu wenig Biss und Disziplin, Zweifel, Schüchternheit, Ängste
Animus	kämpferisch, leistungsbetont, initiativ, verantwortlich	konkurrenzbetont, Entweder-Oder-Typ, taktisch, abgrenzend
Innerer Kritiker	reflektiert, ausgewogen	Entwertung Selbstzweifel/-sabotage, Druck des Beweisens

Abb. 13: Risiken der Führungskraft bei überdurchschnittlich stark ausgeprägten Persönlichkeitsmustern

Aber auch an den Mitarbeitern geht der Umgang mit einem Chef, der ausgeprägte, unbearbeitete und nicht integrierte Persönlichkeitsanteile hat, nicht spurlos vorüber:

Persönlichkeitsanteil/ Muster	**Dahinterliegendes Grundmuster**	**Führungsstil des Chefs**	**Risiken für die Mitarbeiter**
Sei perfekt	lässt sich nicht helfen, „innere Peitsche“, Perfektionismus	Kontrolle, Druck, Detailverliebtheit, wenig Lob	wenig Freiraum, Frustration, Überstunden, wenig Erfolgserlebnisse
Mach‘s jedem recht	„Mülleimer“ für andere, kann nicht Nein sagen, konfliktscheu	gibt kaum Orientierung, entscheidungsschwach, duldet Rückdelegation	findet kaum Halt und Struktur, Durcheinander fördert Stress und Überstunden, Fehler, Frustration
Beeil dich	lädt sich zu viel auf, Hektiker, Chaos	verunsichert u. stresst, verbreitet Unruhe, wenig klar	Hektik, Chaos, eigene Fehlerquote steigt, Angst, Frust
Sei stark	fragt nicht nach Hilfe, frisst in sich hinein	wenig empathisch, kaum Antennen, Schwäche ist tabu	Überforderung, kein Mut zur Abgrenzung, Stress und Überforderung
Streng dich an	arbeitet zu viel, Spaß darf nicht sein	kann nicht motivieren/loben, fördert Norm statt Innovation	Verbissenheit, Selbstkasteiung bei Fehlern, wenig Lob, Angst vor Fehlern und neuen Wegen
Sei vorsichtig	entscheidungsschwach, bleibt unter seinen Möglichkeiten, innovationsfeindlich	keine Entscheidungen und Orientierung, gg. Innovation	Blockierung von Innovation, Arbeitslust wird abgetötet, Frust, Angst vor Fehlern, Hemmnis für eigene Karriere

Persönlichkeitsanteil/ Muster	Dahinterliegendes Grundmuster	Führungsstil des Chefs	Risiken für die Mitarbeiter
inneres Kind	zu wenig Biss und Disziplin, Zweifel, Schüchternheit, Ängste	Muss entweder von Mitarbeitern geführt werden („Bedürftiger") oder ist Machtmensch	Bedürftiger: Orientierungslosigkeit und hohe Stressbelastung für Mitarbeiter; Machtmensch: s. u.
Animus	konkurrenzbetont, Entweder-Oder-Typ, taktisch, abgrenzend	Machtmensch: schlecht in Moderation, Teambuilding, Empathie	Druck, Angst, Stress, Überforderung, innere Kündigung
Innerer Kritiker	Selbstzweifel/-sabotage, Entwertung, Druck des Beweisens	hält andere klein, um selbst größer zu erscheinen	Frust, Gefühl des ungerecht behandelt Seins, innere Kündigung

Abb. 14: Risiken für Mitarbeiter bei verschiedenen Chef-Persönlichkeiten

4. Wie Dysbalancen in der Persönlichkeit ausgeglichen werden können

Zu jedem Führungskräfteentwicklungsprogramm und auch zur individuellen Betreuung von Führungskräften durch die Personalabteilung sollte obligatorisch ein individuelles psychologisches Coaching gehören. Es eröffnet dem Vorgesetzten diskret die Chance, zu dominante Persönlichkeitsanteile zu integrieren und bisher zu schwache mentale Energien zu stärken.

- Mentale Basisstruktur: Ein Coaching kann klären, welche grundlegenden Persönlichkeitsanteile eine Person hat und wie ausgeprägt der „innere Erwachsene" ist. Ihm fällt ja idealerweise die Aufgabe zu, im inneren Team gesundheitsförderliche Lösungen für innerpsychische Konflikte zu ermöglichen und zu einer geklärten, reifen Gesamtpersönlichkeit beizutragen.

- „The making of": Es ist empfehlenswert zu analysieren, wie die Gesamtpersönlichkeit der Führungskraft geprägt wurde. Gab es zum Beispiel in der Vergangenheit Schlüsselerfahrungen, die die mental-emotionale Haltung stark und vielleicht negativ geformt haben? Solche Erfahrungen können in Begleitung eines psychotherapeutisch ausgebildeten Coaches aufgearbeitet werden. Damit befreit sich die Führungskraft von überkommenen Mustern, die sie bei der heutigen Führungsarbeit behindern.

- Programme und Muster transformieren: Ein Coaching deckt auf, welche mentalen Programmierungen und Muster den Führungserfolg bremsen. Beispiele sind: „Nur was du selbst tust, ist wohl getan.“ (behindert beim Delegieren) oder „Man kann keinem Menschen vertrauen.“ (dämpft die Motivation zur Mitarbeiterentwicklung und -förderung). Techniken der mentalen Umprogrammierung helfen, sich selbst und andere gelassener, vertrauensvoller und damit salutogener zu führen.

- Integration des inneren Kindes: Ein die Führungsarbeit extrem behindernder Seelenanteil ist das innere Kind, weil es selbst lieber noch geführt, beschützt und gelobt werden möchte. Coaching-Methoden zur Integration des inneren Kindes helfen der Führungskraft z. B. dabei, frei von Lob und Prestige zu werden bzw. keiner Kompensation mehr durch Egospiele zu bedürfen.

- Aufbau des Selbstwertes: Menschen mit schwachem Selbstwert neigen dazu, andere abzuwerten oder besonders konkurrenz- und statusbetont zu sein. Sie tun sich oft auch schwer mit unbequemen Entscheidungen. Deshalb ist der Aufbau von Selbstwert Kern-Voraussetzung für souveränes, salutogenes Führen.

- Gesunde Selbstreflexion üben: Bei Chefs kennt man sowohl den Typus, der sich selbst überschätzt und dadurch Fehler macht und andere überfordert, also auch den, der einen zu ausgeprägten inneren Kritiker hat und diese Selbstunsicherheit durch Führungsfehler wie Harmoniesucht oder übersteigertes Leistungsdenken zu kompensieren versucht. In beiden Fällen unterstützt ein Coaching dabei, eine gesunde Selbstreflexionsfähigkeit zu erlernen. Dies begünstigt Haltungen wie (Zivil-)Courage, Risiko- und Innovationsbereitschaft, Frust- und Fehlertoleranz sowie gesunde Freude am Wettbewerb.

- Emotionale Intelligenz ausbilden: Ein Coaching hilft dabei, Antennen und Einfühlungsvermögen für andere Personen (z. B. die Mitarbeiter) auszubilden. Dazu ist es nötig, innere Panzerung und Abstumpfung zu lösen, die den Führungs- und Kommunikationserfolg negativ beeinflussen.

5. Günstige mentale Haltung für Führungserfolg und Stressbewältigung

Aus der Resilienzforschung – also der systematischen Ergründung von Faktoren, die die menschliche Psyche robust macht gegen die Herausforderungen und Belastungen des Alltags – weiß man: Diese Top Ten der mentalen Haltungen und Überzeugungen steigern die Chancen eines Menschen, sich selbst und andere gesund zu führen:

1. Ziele haben statt in den Tag hineinzuleben und sich „durchzuwursteln“
2. Prioritäten setzen und sich darauf konzentrieren statt sich mit zu vielen Aktivitäten zu verzetteln
3. Einsatz und Disziplin zeigen statt darauf zu warten, dass andere etwas für einen tun
4. Vertrauen und Durchhaltevermögen üben statt bei Schwierigkeiten zu verzagen
5. Verantwortung übernehmen statt anderen oder den Umständen die Schuld zu geben
6. Auf das Positive und die eigenen Stärken fokussieren statt in Jammern, Klagen und Selbstkritik zu verfallen
7. Fehler und Rückschläge als Lernchancen sehen und weitermachen statt in Pessimismus und Selbstkritik zu versinken
8. Stützende menschliche Beziehungen pflegen statt sich alleine durchzuschlagen

9. Anderen Menschen bzw. wertvollen Projekten dienen statt nur auf den eigenen Nutzen zu schauen
10. Sich in einem Werte- bzw. spirituellen System verankern statt menschliche Allmachtsfantasien zu haben oder sich klein und isoliert zu fühlen

Persönlichkeitsentwicklung im Rahmen eines psychologischen Coachings unterstützt Führungskräfte dabei, diese inneren Überzeugungen aufzubauen und im Alltag umzusetzen.

Checkliste für Führungskräfte und Personalmanager

- ✓ Propagiert Ihr Unternehmen noch ein Menschenbild, wonach Führungskräfte ganz überwiegend rational, bewusst und kontrolliert handelnde Wesen sind?
- ✓ Oder setzen Sie sich offen mit den Chancen und Risiken von Gefühlen und unbewussten Persönlichkeitsmustern Ihrer Führungskräfte auseinander?
- ✓ Ist die Persönlichkeit Einstellungs- bzw. Beförderungskriterium? Wie analysieren Sie diese?
- ✓ Wie sieht die Idealvorstellung Ihres Unternehmens von einer reifen Führungspersönlichkeit aus?
- ✓ Hat in Ihrem Unternehmen eine Führungskraft schon einmal Verantwortung und Posten wieder genommen bekommen, weil es schwere Persönlichkeitsdefizite gab?
- ✓ Wissen Sie als Führungskraft, welche Kräfte in Ihrer Persönlichkeit wirken, wie sich das auf Ihr Führungsverhalten auswirkt, welche Risiken Ihnen selbst und Ihren Mitarbeitern dadurch entstehen, wie Dysbalancen in Ihrer Persönlichkeit ausgeglichen werden können und welche mentale Haltung grundsätzlich Ihren Führungserfolg und Ihre Stressbewältigung begünstigt?
- ✓ Sind Sie bereit, diese Fragen in einem psychologischen Coaching zu bearbeiten?
- ✓ Gibt Ihr Unternehmen seinen Führungskräften hierbei professionelle und diskrete Unterstützung?

3.3.3 Werteorientierung

Konzepte, Leitlinien und Programme für Salutogenese im Unternehmen können nur dann nachhaltige Wirkung entfalten, wenn eine kritische Masse an Verantwortungsträgern bestimmte ethische Grundüberzeugungen in sich trägt und nach außen lebt. Deswegen brauchen Manager neben dem salutogenen Selbstmanagement und einer konsequenten Persönlichkeitsentwicklung eine ehrliche Auseinandersetzung mit der persönlichen Ethik und Motivation:

- Was ist der Führungskraft wichtig?
- Was treibt sie an?
- Wie verläuft bei Interessenkonflikten ihre ethische Kompromisslinie?
- Wie definiert und lebt sie Integrität?

Gesunde Führung mit all ihren positiven Auswirkungen auf Leistungsfähigkeit, Zufriedenheit, Motivation, Robustheit und Loyalität der Mitarbeiter kann umso besser implementiert und langfristig beibehalten werden, je mehr sich die Führungskräfte eines Unternehmen auf folgendem Kontinuum im rechten Bereich verorten:

Umfeld für ungesunde Führung	**Umfeld für gesunde Führung**
Maximale Profitorientierung	Nachhaltig Gewinne erzielen
Shareholder Value	Balance der Stakeholder-Interessen
Wert (=Gewinn) steht über Werten	Mit Werten Wert schaffen
Kurzfristorientierung	Langfristorientierung
Mechanistisches Menschbild	Humanistisches Menschbild
Autoritärer Führungsstil	Partizipativer Führungsstil
Selbstausbeutung, schlechte Life Balance	Topleistung bei guter Life Balance
Ziel ist „Macht über …“	Ziel ist „Macht für …“
Emotionen, Visionen gelten als Schwäche	Emotionale und visionäre Intelligenz
Statussymbole, Karrierepoker, Alphatiere	Demut, Bescheidenheit, Dienen
Machbarkeitswahn	Grenzen anerkennen, smarter werden
Einkommens- und Bonusexzesse	Nachhaltiges Vergütungssystem
Medien/Öffentlichkeit instrumentalisieren	Echter Dialog mit den Stakeholdern

Abb. 15: Ethisches Kontinuum für gesunde Führung

Eine solche auf Nachhaltigkeit, Werte und Integrität ausgerichtete persönliche Ethik birgt mehrere Vorteile in sich, die sich positiv auf alle drei Ebenen der gesunden Führung auswirken: den einzelnen Manager, seine Mitarbeiter und das Unternehmen als Ganzes.

- Salutogene Ethik verbessert das Leben: Psychologische Studien zeigen, dass Menschen mit Pflichtbewusstsein für das große Ganze, mit einem von Rücksicht und Respekt geprägten Verhalten sowie einer standfesten ethischen Ausrichtung erfolgreichere Berufstätige sind sowie eine bessere Gesundheit haben.[212]

- Salutogene Ethik kann Imageverfall umkehren helfen: Manager haben in der Bevölkerung seit 2007 von allen Berufsgruppen am meisten Ansehen eingebüßt[213] und landen bei Image- und Vertrauensumfragen seit Jahren auf den hinteren Plätzen[214]. Für noch nicht völlig abgestumpfte Naturen dürfte sich die chronisch schlechte Reputation des eigenen Berufsstandes nicht gerade förderlich auf gesunderhaltende Faktoren wie Stolz, Würde und intrinsische Motivation auswirken.

- Salutogene Ethik erhöht das Unterstützungspotenzial der Mitarbeiter: Im Rahmen einer Befragung der Wertekommission stimmten mehr als 70 Prozent der Führungskräfte der Aussage zu, dass Werte bei der Motivation der Mitarbeiter immer wichtiger werden.[215] Vor allem die persönliche Glaubwürdigkeit, Reputation und Integrität des Vorgesetzten spielt hier eine Rolle, da die Motivationsforschung ihn klar als einflussreichsten Motivator bzw. Demotivator ausgemacht hat. So zeigt beispielsweise eine Untersuchung der Universität Cleveland, dass Führungskräfte, die von ihren Mitarbeitern gute Noten in Sachen emotionale und ethische Intelligenz bekommen, bessere ökonomische Ergebnisse erzielen.[216] Umgekehrt versagen schon Kinder denjenigen die Unterstützung, die sich zuvor ihnen oder anderen gegenüber unethisch oder schädigend verhalten haben.[217]

- Salutogene Ethik optimiert das Risikoprofil von Unternehmen: Reputations- und Imagekrisen gehören in der modernen Internet-Medien-Welt zu den bedrohlichsten Schieflagen für Unternehmen. Je fester die Führungskräfte individuell in einem integeren und nachhaltigen Wertesystem verankert sind, desto geringer ist die Gefahr individueller Fehlleistungen mit nachteiligen Folgen für das gesamte Unternehmen.

Führen Frauen anständiger?

Die Hoffnung großer Teile der Bevölkerung und der Beschäftigten auf ein ethischeres, nachhaltigeres Verhalten der Manager wird geschürt von der Diskussion um mehr Frauen in Führungspositionen. Der ehemalige Deutschland-Chef der Unternehmensberatung McKinsey, Herbert Henzler, postulierte schon: „Die Alphatiere sterben aus.“ [218] Die Wissenschaft belegt indes bisher nicht zweifelsfrei, dass es Geschlechter-Unterschiede im Führungsstil gibt. Somit bleibt unbewiesen, ob ein Mehr an weiblichen Führungskräften auch ein Mehr an salutogener, ethischer, nachhaltiger Führung bedeutet. In jedem Fall hat Manager-Ethik aber etwas mit persönlicher Courage und richtigen Rahmenbedingungen zu tun. Der Psychotherapeut Horst-Eberhard Richter schreibt deshalb Männern und Frauen ins Stammbuch: „Es reicht nicht aus, dass Frauen vermehrt in Führungspositionen aufsteigen, wenn sie nicht gleichzeitig die mit ihnen besonders verbundene Wertewelt auf der Karriereleiter mit nach oben nehmen können. Gelingen dürfte ihnen das auf Dauer nur, wenn auf der anderen Seite immer mehr Männer den Mut aufbringen, sich der eigenen unterdrückten und entwerteten Sensibilität als Richtschnur für ihr Planen und Handeln anzuvertrauen.“[219]

Checkliste für Führungskräfte und Personalmanager

- ✓ Ist das persönliche Wertesystem einer Führungskraft ein Kriterium bei Einstellung und Beförderung? Verfügen Sie über geeignete Analyseinstrumente hierfür?
- ✓ Schulen und unterstützen Sie Ihre Führungskräfte bei der Ausbildung einer persönlichen Ethik und Integrität, z. B. durch Workshops, Vorträge, Diskussionsrunden?
- ✓ Herrscht in Ihrem Unternehmen ein transparentes, debattenfreudiges Ringen darum, nach welchen Werten sich der Einzelne ausrichten sollte?
- ✓ Wird die Orientierung an persönlichen Werten in Ihrem Unternehmen belohnt – vor allem wenn es darum geht, Interessenkonflikte zu meistern?
- ✓ Zeigt Ihr Unternehmen mit konsequentem Durchgreifen, dass individuelle ethische Verfehlungen nicht geduldet werden und auch nicht Mittel zum Zweck geschäftlicher Erfolge sein dürfen?
- ✓ Äußern Sie als Führungskraft oder Personalmanager öffentlich ethische Bedenken gegen Unternehmensentscheidungen oder verweigern gar im Extremfall die Umsetzung?

Auf einen Blick

Gesunde Mitarbeiterführung und gesunde Unternehmensführung tragen größere Früchte, wenn sie auf dem Boden gesunder Selbstführung der Führungskräfte wachsen. Ein sich selbst salutogen führender Vorgesetzter fördert seine eigene Leistungsfähigkeit und Motivation und genießt größeres Unterstützungspotenzial seiner Mitarbeiter. Zu den wesentlichen Aufgaben salutogener Selbstführung gehören Selbstmanagement (Effektivität und Life Balance, Effizienz, Vitalität und Stressmanagement), Persönlichkeitsentwicklung (den Einfluss der eigenen Persönlichkeit auf das Führungsverhalten und den eigenen Umgang mit Stress erkennen und optimieren´, um Führungsfallen wie Harmoniestreben oder Machtspielchen zu vermeiden) sowie Werteorientierung (Definieren und Realisieren klarer ethischer Grundüberzeugungen für das eigene Handeln).

4. Der Nutzen: Innerlich und äußerlich reicher

In diesem Kapitel erfahren Sie, dass

- ungesunde Führung ein hohes Risiko- und Schadenspotenzial hat – für den Einzelnen, das Unternehmen und unsere Gesellschaft als Ganzes.
- gesunde Führung mit attraktiven Investitionsrenditen überzeugt – auf finanzieller und ideeller Ebene.

Der demografische Wandel ist für Unternehmen inzwischen konkret messbar: Die Bewerberzahlen sinken, junge und gute ausgebildete Mitarbeiter können sich auf einem „Bewerbermarkt“ ihren Arbeitgeber aussuchen, der Fachkräftemangel lässt immer mehr qualifizierte Stellen unbesetzt, und die Zahl älterer Beschäftigter in der Gesamtbelegschaft steigt. Gesunde Führung, die die nachhaltige Leistungsfähigkeit der Mitarbeiter fördert, ist deshalb aus der Nische eines „Gutmenschen“-Themas herausgetreten und nimmt eine unternehmensstrategische und kaufmännische Relevanz erster Ordnung an. Zwei Gründe gibt es hierfür:

- Die Kosten ungesunder Führung sind immens.
- Der (materielle und immaterielle) Nutzen gesunder Führung ist hoch.

4.1 Die Kosten ungesunder Führung

Ungesunde Selbst- und Mitarbeiterführung verursacht Kosten auf drei Ebenen:

Individuelle Kosten	**Kosten ungesunder Führung**	**Kosten für Unternehmen**
		Volkswirtschaftliche Kosten

Abb. 16: Kosten ungesunder Führung

Die individuellen Kosten trägt der Einzelne: Seine Lebensqualität sinkt, er hat ein höheres Krankheitsrisiko und schmälert damit ggf. auch seine Karriere-, Verdienst- und Vermögensbildungschancen. Hier nur einige der zahlreichen wissenschaftlichen Belege:

- Stressbedingte und psychische Störungen – z. B. Depressionen, Angst, Schlafstörungen, psychosomatische Erkrankungen, Alkohol- oder Tablettenmissbrauch – verursachen laut Weltgesundheitsorganisation (WHO) 26,6 Prozent aller DALYS (disability-adjusted lifeyears) – also Lebenszeit, die durch Krankheit verlorengeht oder eingeschränkt ist.[220] Psychischer Stress vermindert indirekt sogar die Lebenserwartung, da er oft Folgephänomen ist, wenn Menschen unter gesundheitlichen Primär-Risikofaktoren wie geringes Einkommen oder soziale Vereinsamung leiden.[221]

- Studien zeigen einen Zusammenhang zwischen hoher Stressbelastung und dem Erkranken an Demenz, zu dieser Krankheitsgruppe gehört auch Alzheimer.[222]

- Im Blut von chronisch Gestressten wurden mehr Freie Radikale und Entzündungs-Biomarker gemessen – beides steigert das Risiko von Infektionskrankheiten, Krebs, Diabetes, Herz-Kreislauferkrankungen und altersassoziierten Störungen wie Demenz.[223] [224]

- Bei übermäßig leistungsorientierten, sich tendenziell überfordernden Männern wurden verringerte Spermienzahlen gemessen, was die Neigung zur Unfruchtbarkeit erhöht.[225]

- Das Stressniveau der Mutter während der Schwangerschaft kann nicht nur ein Risiko für Embryo und Säugling bedeuten, sondern soll womöglich auch das weitere Leben des Kindes negativ beeinflussen können. Dies wird gerade in einem EU-geförderten Langzeitprojekt untersucht.[226]

- Stressanfälligkeit und geringere Problembewältigungsfähigkeiten scheinen sogar über Veränderungen der Gene erblich zu sein. Forscher der kanadischen McGill University in Montreal fanden im Rattenexperiment heraus, dass Nachkommen gestresster und dadurch weniger liebevoller Rattenmütter ebenfalls schneller überlastet waren, wenn man sie vor Herausforderungen stellte. Als (Mit-)Ursache werden Auffälligkeiten bei einem Gen vermutet, das die Ausschüttung von Stresshormonen reguliert.[227]

Die Kosten für Unternehmen sind oft nur indirekt messbar und werden derzeit noch kaum systematisch in Risikomanagementsystemen erfasst. Angesichts des Ausmaßes drohender direkter und indirekter Schäden von ungesunder Führung sollte ihr Gegenstück, die gesunde Führung, fester Bestandteil jedes Risk Management Systems sein.

Die von der amerikanischen Standford-Universität entwickelte gleichnamige Formel geht davon aus, dass in einem Durchschnittsunternehmen 20 Prozent der Mitarbeiter übermäßig gestresst, mental und/oder psychisch angeschlagen bzw. erkrankt sind. Nimmt man eine 25-prozentige Leistungsminderung bei diesen Betroffenen an, so errechnet sich über die Lohnkosten der finanzielle Verlust:

Anzahl Mitarbeiter		Annahme: 20% Betroffene	Mental Angeschlagene (Stress, Burnout, Depression, Sucht usw.)
500	x	0,2	100
Mental Angeschlagene		**Øgehalt MA p.a./€**	**Gehalt angeschlagene MA p.a./€**
100	x	30.000	3.000.000
Gehalt Angeschlagene		**25% Minderleistung**	**Ausfallkosten Leistungsverlust p.a./€**
3.000.000	x	0,25	**750.000**

Abb. 17: Stanford-Formel für finanziellen Verlust durch übermäßig gestresste, mental und/oder psychisch angeschlagene Mitarbeiter bei einem Unternehmen mit 500 Mitarbeitern und einem Durchschnitts-Jahresgehalt von 30.000 Euro

Weitere Studien belegen das unternehmerische Risiko ungesunder Führung:

- Mehr als jeder Vierte (29 Prozent) Angestellte schafft es nach eigenen Angaben nicht mehr, seine Arbeit so sorgfältig wie gewünscht zu erledigen. Das ergab eine Studie im Auftrag des Verbandes Deutscher Betriebs- und Werksärzte.[228]

- In deutschen Betrieben ist – empirisch dokumentiert – die Motivation der Beschäftigten niedrig. Nur 29 Prozent der Mitarbeiter sind nachhaltig engagiert, 23 Prozent fühlen sich in ihrem Schaffensdrang (u. a. von mangelhafter Führung) ausgebremst, 22 Prozent machen Dienst nach Vorschrift und 26 Prozent bringen ihr Potenzial so gut wie gar nicht ein.[229] Dies hat neben dem menschlichen Frust- und Krankheitspotenzial auch handfeste negative finanzielle Folgen: So verbuchen beispielsweise unmotivierte Beschäftigte im Schnitt 3,5 Fehltage mehr pro Jahr als engagierte Kollegen; allein diese Frust-Fehltage kosten Unternehmen 10,5 Milliarden Euro pro Jahr. Insgesamt soll sich der Schaden von schlecht motivierten und wenig loyalen Beschäftigten auf bis zu 126 Milliarden Euro pro Jahr summieren.[230]

- Untersucht sind die finanziellen Schäden durch unhöfliches bzw. respektloses Chef-Verhalten. 88 Prozent der schlecht von ihrem Vorgesetzten behandelten Mitarbeiter schädigen als Vergeltung das Unternehmen, 48 Prozent reduzieren absichtlich die Arbeitsleistung. Notorisch respektlose Führungskräfte können zudem die Kreativität und Konzentration ihrer Mitarbeiter um 20 bis 30 Prozent senken.[231]

- Unternehmen untergraben mit ungesunder Führung ihre Arbeitgeberattraktivität und Personalentwicklung. Die klassische Führungslaufbahn mit ihren Folgen für die Life Balance wird für junge Menschen sowie Frauen unattraktiv. Eine Umfrage des Führungskräfteverbandes zeigt, dass 80 Prozent der Berufseinsteiger eine Balance zwischen Beruf und Privatem anstreben und zwei Drittel berufliche Ziele nicht über private Belange stellen wollen.[232] Nur zwei von drei Unternehmen erwarten, als attraktiver Arbeitgeber weiterempfohlen zu werden.[233] Experten warnen schon vor Engpässen bei der Besetzung von Managementpositionen.[234]

- Stressende und krankmachende Zustände im Unternehmen konterkarieren auch das Demografie-Management, also Ansätze zur möglichst langen Nutzung des Potenzials älterer Mitarbeiter. Die Zahl der auf Stress und seine Folgekrankheiten zurückgeführten Arbeitsunfähigkeitsfälle hat sich von 1995 bis 2008 fast verdoppelt. Knapp 40 Prozent aller Frühverrentungen gehen immer noch auf mit Stress in Verbindung gebrachte seelische Krankheiten zurück.[235] Gestresste und unzufriedene Arbeitnehmer gehen außerdem auch freiwillig früher in den Ruhestand.[236]

Die Bundesregierung hat die Risiken ungesunder Führung für Unternehmen grundsätzlich erkannt und plant eine „Leitlinie Beratung und Überwachung psychischer Belastungen“ für die staatliche Gewerbeaufsicht. Zugleich räumt sie aber ein, für die Kontrolle einer solchen Leitlinie viel zu wenig Personal zu haben.[237]

Die volkswirtschaftlichen Kosten ungesunder Selbst- und Mitarbeiterführung lassen sich nur erahnen. Eine Näherung gelingt über die Analyse von Krankheitsstatistiken und deren Hochrechnung in gesamtökonomische Größenordnungen:

- Alleine die jährlichen Behandlungskosten für psychische Krankheiten werden in Deutschland auf 27 Milliarden Euro veranschlagt.[238]
- Das Hamburgische Weltwirtschafts-Institut (HWWI) beziffert die aus Stress, ungesunder Führung und seelischen Belastungen erwachsenden Finanzschäden in Deutschland auf 364 Milliarden Euro pro Jahr. Das entspricht 16 Prozent des realen Bruttoinlandsprodukts.[239]

Es verwundert, dass sich angesichts dieser Risiken Manager immer noch eher selten präventiv und aus eigener Überzeugung mit gesunder Führung beschäftigen. Nur knapp ein Drittel der Unternehmen kümmert sich wirklich systematisch um die Gesundheit und Leistungsfähigkeit der Mitarbeiter.[240] Und wenn sich Topmanager diesem Thema widmen, dann oft gezwungenermaßen – überwiegend um gesetzliche Verpflichtungen zu erfüllen oder auf Anmahnung von Mitarbeitern bzw. Betriebsrat.[241]

Dabei bietet präventive gesunde Führung nachweislich attraktive Investitionsrenditen.

4.2 Der Nutzen gesunder Führung

Gesunde Führung bringt Unternehmen eine finanzielle und eine ideelle Rendite. Die finanzielle Rendite wird durch zahlreiche Return-on-Investment-Untersuchungen belegt. Besonders große und nachhaltige Wirkung entfalten entsprechende Maßnahmen, wenn sie kontinuierlich erfolgen und multidimensional sind, also sowohl die Selbstführung als auch die betrieblichen Rahmenbedingungen (Mitarbeiterführung) optimiert werden.[242]

- Unternehmen mit überdurchschnittlich und nachhaltig motivierten Mitarbeitern kommen im Durchschnitt auf eine Umsatzrendite von 27,4 Prozent, während Firmen mit schlecht motivierter Belegschaft bei durchschnittlich 9,9 Prozent und damit um den Faktor drei niedriger liegen.[243]

- Qualitätvolle Personal- und Führungskräfteentwicklung fördert den wirtschaftlichen Erfolg: Topkonzerne (gemessen an Umsatz und Wachstum) koppeln beispielsweise die finanzielle Vergütung und die Karrieremöglichkeiten der Manager 3,4-mal so häufig an das Engagement zur Entwicklung der eigenen Mitarbeiter im Team.[244]

- Eine großangelegte Befragung von 32.000 Beschäftigten aus 28 Ländern hat klar belegt, dass das ernsthafte Interesse der Führungskräfte am Wohlergehen der Mitarbeiter, die Vertrauenswürdigkeit und der faire Kommunikations-/ Beurteilungsstil des direkten Vorgesetzten und die überzeugende Erklärung der Unternehmensstrategie durch das Topmanagement signifikanten Einfluss auf die Motivation der Mitarbeiter haben.[245] Motivation wiederum korreliert damit, wie kreativ Mitarbeiter am Erfolg des Unternehmens mitwirken und ob sie es als Arbeitgeber weiterempfehlen:

	Motivierte und loyale Mitarbeiter	**Gering motivierte/loyale Mitarbeiter**
Verbesserungsvorschläge	19,6 p.a.	8,9 p.a.
Weiterempfehlen des Arbeitgebers	72 %	7 %

Abb. 18: Auswirkung der Mitarbeiter-Motivation[246]

- Die tendenziell salutogenere Unternehmenskultur in inhabergeführten bzw. Familienunternehmen spiegelt sich nach Meinung der Verantwortlichen in einer im Vergleich zu Großkonzernen größeren Motivation und höheren Produktivität der Beschäftigten wider.[247] Eine Untersuchung über die Erfolgsgeheimnisse von Weltmarktführern ergab, dass diese sich in punkto Unternehmenskultur stärker auf die Förderung und Wertschätzung ihrer Beschäftigten konzentrieren als eine Kontrollgruppe.[248]

- In Unternehmen, die in den vergangenen drei Jahren einen steigenden Ertrag erwirtschaftet haben, erfüllen drei Viertel der Mittelmanager ihre Führungsfunktion auf überdurchschnittliche Art und Weise.[249]

- Der im Salutogenese-Konzept so bedeutsame Gesundheitsfaktor der „Verstehbarkeit“ ist empirisch belegt. Vor allem transparente Entscheidungen und Kommunikation wirken sich auf den ökonomischen Unternehmenserfolg aus – vor allem in Krisen- und Veränderunsphasen: “Companies with effective internal communications have a 19.4 per cent higher market premium and deliver 57 per cent higher shareholder return compared to organizations with less effective internal communications.” [250] Eine andere Quelle besagt, dass „effective employee communication is a leading indicator of financial performance. Firms that communicate effectively are four times as likely to report high levels of employee engagement as firms that communicate less effectively.” [251] Unternehmen mit effektiver Kommunikation und zugleich professionellem Veränderungsmanagement haben eine um das 2,5-fach erhöhte Wahrscheinlichkeit, wirtschaftlich besser abzuschneiden als eine Vergleichsgruppe.[252] Mitarbeiter, die von der Unternehmensleitung und ihrem direkten Vorgesetzten gut informiert werden, melden weniger gesundheitliche Beeinträchtigungen und identifizieren sich stärker mit ihrem Arbeitsplatz.[253]

- Auch Betriebliches Gesundheitsmanagement (BGM) in einem engeren Sinne kommt auf positive Investitionsrenditen: Die Europäische Agentur für Sicherheit und Gesundheitsschutz am Arbeitsplatz (EU-OSHA) hat pro investiertem Euro einen Gewinn bzw. einen entgangenen Schaden von 2,50 bis 4,80 Euro errechnet.[254] Der weltweit tätige Konzern Johnson & Johnson beispielsweise evaluiert, dass jeder für BGM aufgewendete Dollar 2,71 Dollar in die Kassen des Unternehmens zurückgespült hat.[255] Die Initiative Gesundheit & Arbeit – eine Kooperation der gesetzlichen Kranken- und Unfallversicherungen – hat zahlreiche ROI-Studien analysiert und meldet einen Durchschnitts-ROI von 1 : 6,3.[256]

- Überdurchschnittlich hohe Investitionsrenditen innerhalb eines BGM-Programms erzielt die direkte Schulung von Führungskräften zum adäquaten Umgang mit psychisch belasteten Mitarbeitern: Laut dem Centrum für Disease Management der Technischen Universität München ergeben die Schulungskosten (inklusive Arbeitszeit der Führungskräfte) abzüglich der vermiedenen Kosten für Erkrankungen der Mitarbeiter einen ROI von 1:4. Rechnet man die mutmaßlichen Kosten für Präsentismus (Anwesenheit des Mitarbeiters trotz Erkrankung bei entsprechend geminderter Leistung und erhöhter Fehleranfälligkeit) hinzu, schnellt der ROI je nach zugrundeliegenden Annahmen auf 1:12 bis 1:40.[257]

- Speziell für das Instrument der Employee Assistance kann von einer Investitionsrendite von 1:15 ausgegangen werden: Dazu nimmt man an, dass Präsentismus (leistungsvermindertes Arbeiten in belastenden Lebensphasen) und Absentismus (krankheitsbedingte Fehlzeiten) für Unternehmen 20 bis 30 Prozent der direkten Lohnkosten ausmachen und ein EAP diese Kosten um fünf Prozent senken kann.[258]

- Unternehmen, die vielleicht u. a. wegen ihrer salutogenen Kultur attraktiver für Frauen geworden sind und mehr weibliche Mitarbeiter in Führungspositionen haben, erwirtschaften um 48

Prozent höhere Gewinne als der Branchendurchschnitt.[259] Unter den 500 größten amerikanischen börsennotierten Unternehmen haben diejenigen eine bis zu 53 Prozent höhere Eigenkapitalrendite, die Frauen an der Führungsspitze haben.[260] Die Wirtschaftsprüfungsgesellschaft Ernst & Young fang heraus, dass sich Unternehmen mit weiblichen Vorstandsmitgliedern zwischen 2005 und 2010 bei Umsatz, Ertrag und Börsenwert deutlich besser entwickelten als rein männlich geführte Unternehmen.[261]

Auch die ideelle Rendite gesunder Führung wird von immer mehr Management-und HR-Verantwortlichen gesehen. In einer Unternehmens-Befragung der Internationalen Vereinigung für Soziale Sicherheit (IVSS) wurden als „relevante Nutzenarten" von gesunder Führung gestiegene Motivation und Zufriedenheit der Beschäftigten, besseres Unternehmensimage, bessere Qualität der Produkte und ein lebendigeres Innovationsklima genannt.[262] Berichte aus Unternehmen lassen den Schluss zu, dass gesunde Führung von den Mitarbeitern als deutliches Zeichen der Wertschätzung verstanden wird und tendenziell positiv auf Motivation und Bindung, den Verbleib von Leistungsträgern, das Betriebsklima und den Krankenstand wirkt.[263] Da viele Beschäftigtengruppen, vor allem junge Jobanfänger, Frauen und ältere Berufstätige, von ihrem Arbeitgeber glaubwürdige Leistungen in den Bereichen Führungs- und Kommunikationskultur, Verantwortung und Life Balance erwarten, stärkt gesunde Führung außerdem das Employer Branding im Wettbewerb um die besten Köpfe am Arbeitsmarkt. Absolventen der Wirtschaftswissenschaften bevorzugen beispielsweise kleine und mittlere (Familien-)Unternehmen als Arbeitgeber, weil sie dort im Vergleich zu Großkonzernen ein „Mehr an Menschlichkeit" und „besserer Work-Life-Balance" erwarten.[264] Last but not least unterstützt ein systematischer und glaubwürdiger Ansatz von gesunder Führung auch die Positionierung des Unternehmens als guter Unternehmensbürger (Good Corporate Citizen). Aktionen im Rahmen der Corporate Social Responsibility (CSR), deren Etats in den Unternehmen seit Jahren stark steigen und für die eine immer größere PR-Maschinerie läuft, sind nur dann wirklich imagebildend, wenn das Unternehmen zunächst einmal in seinen Kernaufgaben wirksam verantwortungsbewusst handelt. Eine dieser Kernaufgaben ist gesunde Führung.[265]

Last but not least sollte gesunde Führung auch einen messbaren Nutzen für die Führungskraft selbst haben. Weitblickende Unternehmen vereinbaren mit ihren Führungskräften entsprechende Ziele (z. B. Senken des Krankenstandes und der Fluktuation, bessere Ergebnisse in der 360-Grad-Beurteilung) und machen diese einkommens- und bonusrelevant. So berichteten zum Beispiel 2012 führende Medien, die Deutsche Bank wolle die Qualität der Mitarbeiterführung künftig in die Bonushöhe der Manager einfließen lassen. Tags darauf auf der Pressekonferenz des Institut war jedoch lediglich etwas schwammig die Rede davon: „Wir werden uns bei der Führung unserer Mitarbeiter an unseren kulturellen Werten messen lassen." Als Maßnahmen nannte die Bank „Sanktionen bei Verstößen gegen die Verhaltensvorschriften verschärfen" und „Das persönliche Verhalten bei Entscheidungen über Beförderungen und Vergütungen stärker berücksichtigen." Eine belastbare kausale Verbindung zwischen gesundem Führungsstil des Vorgesetzten und seinem Einkommen ist daraus nicht abzulesen.

Auf einen Blick

Ungesunde Führung verursacht Kosten auf drei Ebenen: Die individuellen Kosten trägt der Einzelne durch sinkende Lebensqualität und höheres Krankheitsrisiko. Die Kosten für Unternehmen werden in kaum einem Risikomanagementsystem erfasst, können jedoch in Millionen gehen, da ungesunde Führung die Motivation der Beschäftigten, die Arbeitgeberattraktivität, die Personalentwicklung und das Demografie-Management untergräbt. Die volkswirtschaftlichen Kosten von Stress, ungesunder Führung und seelischen Belastungen beziffert das Hamburgische Weltwirtschafts-Institut (HWWI) für Deutschland auf 364 Milliarden Euro pro Jahr. Das entspricht 16 Prozent des realen Bruttoinlandsprodukts. Präventive gesunde Führung erbringt im Gegenzug attraktive Investitionsrenditen: Salutogene Unternehmen weisen höhere Gewinne aus. Betriebliches Gesundheitsmanagement (BGM) in einem engeren Sinne kommen auf einen Durchschnitts-ROI von 1 : 6,3. Speziell für das Instrument der Employee Assistance kann von einer Investitionsrendite von 1:15 ausgegangen werden. Die ideelle Rendite gesunder Führung setzt sich aus höherer Motivation und Zufriedenheit der Beschäftigten, einem besseren Unternehmensimage, einer besseren Qualität der Produkte und einem lebendigeren Innovationsklima zusammen.

5. Ausblick

Gesunde Führung ist die strategische Managementaufgabe des 21. Jahrhunderts. Die Rahmenbedingungen aus Demografie, psychosozialer Lage, schrumpfendem Führungs-Pool und gewandelten Mitarbeiter-Bedürfnissen lassen weitblickenden Unternehmen gar keine andere Wahl mehr, als diese Herausforderung aktiv anzunehmen.

Demografie • Weniger Erwerbsfähige • Weniger Jüngere • Mehr Ältere	**Rahmenbedingungen**	**Psychosoziale Lage** • Ausbreitung von Stress und assoziierten Krankheiten • Vervielfachung Burnout-Fälle
Schrumpfender Führungs-Pool • Generationswechsel • Attraktivität von Karriere sinkt bei Jüngeren und Frauen		**Neue Mitarbeiter-Bedürfnisse** • Echte Life Balance • Humane Unternehmenskultur • Corporate Social Responsibility

Abb. 19: Rahmenbedingungen für gesunde Führung

Aus diesem Grund reichen (unkoordinierte) Einzelmaßnahmen, die oft genug an der Oberfläche blieben oder nur zu Imagezwecken eingesetzt wurden, nicht mehr. Was Unternehmen brauchen, ist ein „Masterplan gesunde Führung“. Die Personalabteilung kann und muss dabei ein strategischer Partner der Unternehmensführung werden: weg vom reinen Verwalter der Personalarbeit hin zu einem einflussreichen Vordenker und Implementierter einer ganzheitlichen gesunden (salutogenen) Führungs- und Unternehmenskultur. Erste Ansätze zur Systematisierung von Einzelmaßnahmen gibt es bereits unter der Überschrift „Betriebliches Gesundheitsmanagement“ (BGM), jedoch zielen die meisten BGM-Konzepte bisher zu sehr auf Symptome (z. B. Kantinenessen, Sportangebote, Entspannungskurse, Unfallvermeidung) und weniger auf die Ursachen (Qualität und Stil der Führung, Kultur und Verantwortung des Unternehmens). Einen allgemein anerkannten Standard bzw. eine vergleichbare Zertifizierung von BGM gibt es auch noch nicht. Der 2012 vorgestellte Standard DIN SPEC 91020 schreibt immerhin auch dem Führungsverhalten innerhalb des Unternehmens eine entscheidende Rolle zu. Die Landesregierungen von Hamburg, Nordrhein-Westfalen, Bremen und Brandenburg haben 2012 eine Bundesratsinitiative mit dem Ziel gestartet, Unternehmen gesetzlich zu verpflichten, das Arbeitsumfeld systematisch auf psychosoziale Belastungen hin zu untersuchen.

Phase 1: Rahmenbedingungen	Phase 2: Bestandsaufnahme	Phase 3: Soll-Ist-Analyse
• Startschuss und Bekenntnis: Vorstandsbeschluss • Einbeziehen des Betriebsrates • Einrichten Lenkungsausschuss • Bestimmen Verantwortlichkeiten; ggf. vorab Qualifizierung • Budget (Geld- und Personalkapazitäten)	• Mitarbeiterbefragung/ -workshops • Führungskräftebefragung/ -tagung; 360°-Feedback • Auswertung vorhandener Statistiken (Krankenstand, Fluktuation, Initiativbewerbungen usw.) • Qualitative Medienresonanzanalyse • Kundenzufriedenheit • Peer-Group-Vergleiche	• Auswertung Phase 2 • Definieren von Zielen, Maßnahmen im Rahmen eines Gesamtkonzepts für gesunde Führung • Interne Vermarktungskampagne (Kickoff) • Ggf. Anpassen Budget, Orga-Struktur
Phase 4: Umsetzung	**Phase 5: Erfolgsmessung**	**Phase 6: Laufende Optimierung**
• Fortlaufend gemäß Strategie • Ggf. Zertifizierung für Teilbereiche	• Alle 2 Jahre Befragung Mitarbeiter/Führungskräfte • Auswertung Statistiken/ Kennzahlensystem • ROI-Berechnungen • Reputation b. Stakeholdern	• Gemäß Erkenntnissen der Erfolgsmessung sowie Wünschen der Mitarbeiter, Führungskräfte und anderen Stakeholder

Abb. 20.: Masterplan gesunde Führung

Nötig ist aber mehr: Die mentale und körperliche Gesundheit der Mitarbeiter muss tief und durchgehend in betriebliche Führungs- und Kernprozesse verankert werden, gesunde Führung gehört in den strategischen Überbau der Unternehmenspolitik. Erfolgskritisch sind die bedingungslose Rückendeckung durch die Unternehmensleitung und die Vorbildfunktion der Führungskräfte.

6. Literatur

1 Towers Watson. Global Workforce Study 2012/2013. New York/München 2012
2 Möller, Nicole. Kritische Würdigung der Motivationstheorie von Frederick Herzberg. München 2008, S. 18
3 Hay Goup. Umfrage 2012. Zit. in www.karriere.de 07.03.2012
4 Lehrstuhl für Marketing der Universität Main, 2hm & Associates GmbH. Motivatoren-Umfrage 2012. Zit. in www.absatzwirtschaft.de 10.08.2012
5 Zit. in www.karriere.de 07.03.2012
6 UNICUM Verlag (Hg.). Studentenmatrix 2012. Bochum 2012
7 Befragung der Bertelsmann Stiftung und der Agentur SWOP. Zit. in DIE WELT 09.10.2010
8 Studie von Taylor Wessing und Temporal Tanja Consulting. Zit. in DIE WELT online 23.04.2011
9 Universum Communications. Befragung von deutschen Jurastudierenden. Zit. in: Logale Tribune online 03.10.2012
10 Vgl. DER SPIEGEL online 21.07.2012
11 Martin, Jean u. a. So funktioniert Talentmanagement. In: Harvard Business Manager Juli 2010, S. 27 – 36; Meister, Jeanne C. u. a. Mentoring für Millennials. In: Harvard Business Manager Juli 2010, S. 39 - 43
12 Kienbaum Consultants International GmbH. Report zur Arbeitgeberattraktivität von Familienunternehmen. Pressemeldung 27.09.2010
13 McKinsey & Company. Wettbewerbsfaktor Fachkräfte – Strategien für Deutschlands Unternehmen. 2011
14 Kuhn, Lothar. Karriere in Teilzeit. In: Harvard Business Manager 2/2011, S. 8 - 10
15 Umfrage von TNS Infratest. Zit. in: Deutsche Presse-Agentur (dpa) 25.09.2012
16 Rabl, Tanja. Age, discrimination, and achievement motives: A study of German employees. In: Personnel Review Vol. 39 Iss: 4, S. 448 - 467
17 Boston Consulting Group. Creating People Advantage. How to Adress HR Challenges Worldwide Through 2015. 2010
18 Bundesministerium der Justiz (Hrsg.). Gesetz über die Durchführung von Maßnahmen des Arbeitsschutzes zur Verbesserung der Sicherheit und des Gesundheitsschutzes der Beschäftigten bei der Arbeit (Arbeitsschutzgesetz – ArbSchG). 1996
19 WHO (Weltgesundheitsorganisation). Ottawa Charter for Health Promotion. 1986
20 Luxemburger Deklaration zur betrieblichen Gesundheitsförderung in der Europäischen Union. 1997
21 Statistisches Bundesamt. Pressemeldung 23.02.2010
22 Ebd.
23 Strack, Rainer u. a.. Erfolg mit älteren Mitarbeitern. In: Harvard Business manager 1/2011, Onlineversion
24 Institut für Arbeitsmarkt- und Berufsforschung. Pressemeldung 06.08.2012
25 McKinsey & Company. Wettbewerbsfaktor Fachkräfte – Strategien für Deutschlands Unternehmen. 2011
26 Deutsche Gesellschaft für Personalführung (DGFP). Report Kennzahlen und Steuerung 2012
27 Bertelsmann Stiftung. Pressemeldung 30.08.2010
28 Statistisches Bundesamt
29 McKinsey & Company. Wettbewerbsfaktor Fachkräfte – Strategien für Deutschlands Unternehmen. 2011
30 DIHT (Deutscher Industrie- und Handelskammertag). Mitarbeiter dringend gesucht! Fachkräftesicherung – Herausforderung der Zukunft. 2010
31 Boston Consulting Group. Creating People Advantage. How to Adress HR Challenges Worldwide Through 2015. 2010
32 Nefiodow, Leo A. Der sechste Kondratieff. Sankt Augustin 2006
33 Umfrage der Körber-Stiftung und des Beratungsunternehmens Nextpractice. In: FOCUS online 15. November 2011
34 Financial Times Deutschland und GfK Verein. Leben und Arbeiten in Deutschland. 2012. Zit in: Financial Times Deutschland 08.11.2012
35 Deutscher Gewerkschafts-Bund. DGB-Index Gute Arbeit. Pressemeldung 27.032012
36 Badura, Bernhard u. a. Fehlzeiten-Report 2011. Berlin 2012
37 FAZ-Institut, Techniker Krankenkasse. Kundenkompass Stress. Elektronische Pressemappe 2009
38 Vgl. DER SPIEGEL 31/2012, S. 93
39 DAK / IGES Institut GmbH. DAK-Gesundheitsreport. Hamburg 2011; Badura, Bernhard u. a. Fehlzeiten-Report 2011. Berlin 2012
40 BKK Bundesverband. Der BKK Gesundheitsreport 2012 „Gesundheit fördern – Krankheit versorgen – mit Krankheit leben"
41 WIDO Wissenschaftliches Institut der AOK. Pressemeldung 19.04.2011
42 Koch, Axel. Stressabbau im Callcenter. In: Call-Center Beratungsbrief Ausgabe 2/2006
43 Lehr, Dirk. Affektive Störungen bei Lehrerinnen und Lehrern. Marburg 2008
44 Latscha, Knut. Belastungen bei Polizeivollzugsbeamten. Dissertationsarbeit Ludwig-Maximilians-Universität München 2005

45 Bartsch, N. u. a.. Die Bedeutsamkeit von administrativen Stressfaktoren. In: Prävention und Gesundheitsförderung 2012/1
46 Badura, Bernhard u. a. Fehlzeiten-Report 2010. Heidelberg 2011
47 Vgl. Computerwoche 20.09.2010
48 Das Fachmagazin „Journal of Neuroscience" berichtet von aktuellen Forschungen: Stress kann das Gehirn so blockieren, dass Menschen nur noch auf bekannte Verhaltensmuster zurückgreifen können und kaum mehr innovativ und veränderungsfähig sind. Vgl. DER SPIEGEL online 30.07.2012
49 Bruch, Heike; Menges, Jochen I. Wege aus der Beschleunigungsfalle. In: Harvard Business Manager Mai 2010, S. 28 – 34
50 Antonovsky, Aaron; Franke, Alexa. Salutogenese: Zur Entmystifizierung der Gesundheit. Tübingen 1997
51 Universität Hohenheim. Alltag, aber noch keine Routine – wie Unternehmen den Wandel kommunizieren. Pressemitteilung 15.12.2008
52 manager magazin online 03.08.2010
53 Gallup GmbH. Gallup Engagement Index. Pressemeldung 20.03.2012
54 Bohulskyy, Yan u. a.. Arbeitszufriedenheit in Deutschland sinkt langfristig. IAQ-Report der Universität Duisburg-Essen 2011-03
55 Deutsche Gesellschaft für Personalführung (DGFP). Psychische Beanspruchung von Mitarbeitern und Führungskräften. Praxispapier 2-2011. Düsseldorf 2011, S. 17
56 Boston Consulting Group. Im Schatten der Führungsspitze: Mittleres Management entscheidet über Leistung. Pressemeldung 10.06.201
57 Da es zum Thema gesunde Selbstführung des Individuums bereits zahlreiche gute Literatur gibt, fokussiert sich dieses Buch auf die Selbstführung und Vorbildfunktion der Führungskraft.
58 z. B. Capgemini Consulting. HR-Barometer 2011. München/Berlin 2011, S. 35
59 Pressemeldung der Daimler AG 23. November 2012
60 Vgl. DER SPIEGEL online 29.07.2011
61 House, Robert J. u. a.. Culture, Leadership, and Organizations: The Globe Study of 62 Societies. Thousand Oaks, CA/USA 2004
62 Edenred Deutschland GmbH. Forsa-Umfrage 2011. Zit. in www.hrm.de 24.08.2011
63 Deloitte Development LLC. Talent Edge 2010: What talent expects and how leaders are responding. 2011
64 Falk, Armin; Siegrist, Johannes (Universität Bonn). Studie auf Basis des Sozioökonomischen Panels. Zit. in www.crn.de 09.06.2011
65 Amabile, Teresa; Kramer, Steven J.. Was Mitarbeitern wirklich hilft, in: Harvard Business Manager Mai 2010, S. 36 – 38
66 Edenred Deuschland GmbH. Forsa-Umfrage 2011. Zit. in www.hrm.de 24.08.2011
67 Gallup GmbH. Gallup Engagement Index. Pressemeldung 20.03.2012
68 Edenred Deuschland GmbH. Forsa-Umfrage 2011. Zit. in www.hrm.de 24.08.2011
69 Kelly Services Inc.. Kelly Global Workforce Index 2012. Zit. in: FOCUS online 18.08.2012
70 Craig, Elizabeth; deSimone, Lauren. What Executives Really Need to Know about. Employee Engagement. Accenture Research Report June 2011
71 Zentrum für Europäische Wirtschaftsforschung (ZEW). Altersgerechte Arbeitswelt. Mannheim 2012. Zit. in FOCUS online 29.08.2012
72 Bundeszentrale für Politische Bildung, www.bpb.de/nachschlagen/zahlen-und-fakten/soziale-situation-in-deutschland/61711/arbeitszeit
73 Deutscher Gewerkschafts-Bund. DGB-Index Gute Arbeit GmbH, Pressemeldung 27.03.2012
74 Deutsches Institut für Wirtschaftsforschung/DIW (2009). Vollzeitbeschäftigte wollen kürzere, Teilzeitbeschäftigte längere Arbeitszeiten. Vgl. www.diw.de/documents/publikationen/73/99411/09-25-3.pdf
75 Kuhn, Lothar. Karriere in Teilzeit. In: Harvard Business Manager 2/2011, S. 8-10
76 Forsa-Umfrage unter 1.003 Vätern zwischen 20 und 55 Jahren im Auftrag der Zeitschrift ELTERN, www.eltern.de
77 Vgl. DIE ZEIT online 26.012012
78 Wirz, Anna. Gesundheitliche und soziale Auswirkungen langer Arbeitszeiten. Hrsg. von der Bundesanstalt für Arbeitsschutz und Arbeitsmedizin (Baua), Dortmund 2010
79 Towers Watson. Global Workforce Study 2012/2013. New York/München 2012
80 Eichhorst, Werner u. a.. Familienfreundliche flexible Arbeitszeiten – ein Baustein zur Bewältigung des Fachkräftemangels. Institut zur Zukunft der Arbeit (IZA) Report No. 33. Bonn 2011, S. 2
81 Boston Consulting Group. Creating People Advantage. How to Adress HR Challenges Worldwide Through 2015. 2010
82 Vgl. Businessweek online 12.04.2012
83 Vgl. DIE WELT online 16.09.2012
84 Vgl. FOCUS online 28.04.2012
85 Deutsche Gesellschaft für Personalführung (DGFP). Umfrage unter rund 300 Personalmanagern 2012. Zit. in: www.personalpraxis24.de 18.09.2012

86 Eine Studie der Harvard-Universität zeigt, dass trotz höherer Verantwortung und Belastung Manager oft niedrigere Stressanzeichen zeigen als einfache Angestellte. Letztere geben vor allem mangelnde Kontrolle und Einflussmöglichkeit als Stressfaktor an, während Führungskräfte stärker gestalten und sich einbringen können. Zit. in: DIE ZEIT online 27.09.2012

87 Wido Fehlzeiten-Report 2012

88 Deutsche Gesellschaft für Personalführung (DGFP). Umfrage unter rund 300 Personalmanagern 2012. Zit. in: www.personalpraxis24.de 18.09.2012

89 Perlow, Leslie A.; Porter, Jessica L.. Weniger arbeiten – mehr leisten. In: Harvard Business Manager Januar 2010, S. 24 - 35

90 Vgl. Institut für Arbeitsmarkt und Berufsforschung. Zit. in DER SPIEGEL 6/2012, S. 63

91 Vgl. DER SPIEGEL 6/2012, S. 62 - 64

92 Vgl. Techniker Krankenkasse. Pressemeldung 15.03.2011

93 Amabile, Teresa; Kramer, Steven J.. Was Mitarbeitern wirklich hilft. in: Harvard Business Manager Mai 2010, S. 36 – 38

94 Sprenger, Reinhard K.. 30 Minuten Motivation. Offenbach 2011

95 Mintzberg, Henry. We're Overled and Undermanaged. In: BusinessWeek, Issue 4123, 17.08.2009, S. 68

96 Zum Konzept des „Leaderment", also das Erreichen strategischer Ziele durch das Anwenden systematischer Managementpraktiken, vgl. Gairola, Arun. Leadership + Management = Leaderment. In: Harvard Business Manager 2/2011, S. 2 - 7

97 Czipin Consulting. Querschnittsstudie auf Basis von mehr als 400 Einzelstudien mit 4.200 Beobachtungsstunden. 2010. Zit. in: www.wienerzeitung.at 17.11.2010

98 Sprenger, Reinhard K. Radikal führen. Frankfurt/Main 2012

99 Saaman AG. Studie zur Wirksamkeit von Zielvereinbarungen. 2010

100 Sprenger, Reinhard K. Radikal führen. Frankfurt/Main 2012; S. 115 ff.

101 Zit. in DIE ZEIT online 24.03.2012

102 Towers Watson. Clear Direction in a Complexe World. Change and Communication ROI Study Report. 2011, S. 3

103 Vgl. Forsa-Umfrage im Auftrag der Penning Consulting GmbH 2012. Vgl. Wirtschaftswoche online 21. September 2012

104 Bertelsmann Stiftung. Pressemeldung 18.05.2010

105 Vgl. STERN online 28.032012

106 Vgl. DIE ZEIT online 22.03.2011; Kosfeld, Michael; Neckermann, Susanne. Getting more work for nothing? Symbolic Awards and Worker Performance. In: American Economic Journal: Microeconomics. 3/2011, S. 86–99

107 Gallup GmbH. Gallup Engagement Index. Pressemeldung 09.02.2011

108 Badura, Bernhard u. a. Fehlzeiten-Report 2011. Berlin 2012

109 Gallup GmbH. Gallup Engagement Index. Pressemeldung 20.03.2012

110 De Shazer, Steve. Der Dreh. Überraschende Wendungen und Lösungen in der Kurzzeittherapie. Heidelberg 2008; Walter, John L. u.a.. Lösungs-orientierte Kurztherapie. Dortmund 1994

111 Al-Baghdadi, Wafi. Umfrage Motivatoren". www.umfrage-motivatoren.de

112 Peakom GmbH. Umfrage unter 1.470 Arbeitnehmern in Deutschland 2010. Zit. in: www.peakom.com

113 Umfrage des IT-Dienstleisters Oracle unter 1.000 Personen. Zit. in: Wirtschaftswoche online 12.09.2012

114 Lumesse GmbH. Agile Learning. Studie zur betrieblichen Weiterbildung. Düsseldorf 2012

115 Umfrage der Personalberatung Metaberatung unter gut 1.100 Beschäftigten. Zit. in: dapd 14.06.2012

116 Verein Deutscher Ingenieure (VDI). Umfrage der VDI-educating unter 1.374 Personen. Zit. in: www.vdi.de 17.12.2010

117 Umfrage des IT-Dienstleisters Oracle unter 1.000 Personen. Zit. in: Wirtschaftswoche online 12.09.2012

118 Deutsche Universität für Weiterbildung (DUW). Umfrage unter 1.005 Erwerbstätigen. Zit. in: www.haufe.de 27.09.2012

119 Autorengruppe Bildungsberichterstattung (Hrsg.). Bildung in Deutschland 2012. Bielefeld 2012

120 Sascha Armutat (Hg.). Lebensereignisorientiertes Personalmanagement. Bielefeld 2008

121 Naegele, Gerhard; Walker, Alan. Ein Leitfaden für gute Praxis im Altersmanagement. Als Übersetzung aus dem englischen Original hrsg. von der Europäischen Stiftung zur Verbesserung der Lebens- und Arbeitsbedingungen 2007.

122 Zentrum für Europäische Wirtschaftsforschung (ZEW): Pressemeldung 12.10.2010

123 Studie des Dresdner Organisationspsychologen Jürgen Wegge. Zit. in: DIE ZET online 07.05.2011

124 Statistische Auswertung der Techniker Krankenkasse. Zit. in: www.news-magazn24.de 17.02.2011

125 EMNID-Umfrage unter 1.006 Bürgern im Auftrag von chrismon, 02/2011

126 Interview mit Psychologieprofessorin Ursula Staudinger in Süddeutsche Zeitung online 11.07.2011

127 Vgl. praxis + recht 4/2010, S. 9

128 Universität Münster. Pressemeldung 01.06.2012

129 Büsch, Victoria u. a. . Determinanten der Arbeitsmotivation und Leistungsfähigkeit älterer Arbeitnehmer und Auswirkungen auf den Weiterbeschäftigungswunsch. In: Comparative Population Studies – Zeitschrift für Bevölkerungswissenschaft Jg. 35, 4 (2010), S. 903 - 930
130 Vodafone Deutschland und Jacobs University Bremen. Demografiefeste Personalpolitik. Zit. in: Pressemeldung der Vodafone Deutschland GmbH 24.10.2012
131 Forschungen des Zentrums für Lebenslanges Lernen an der Jacobs Universität Bremen. Zit. in: DIE ZEIT online 11.02.2011
132 Institut der Deutschen Wirtschaft (IW) auf Basis der Gesellschaft für Konsumforschung (GfK). Zit. in: www.personalwirtschaft.de 10.12.2010
133 Zit. in: Deutsche Handwerkszeitung online 21.06.2012
134 Institut der Deutschen Wirtschaft (IW). INSM-WiWo-Deutschland-Check November 2011
135 Institut für Wirtschaftsforschug (ifo) und Randstadt GmbH. Pressemeldung 28.04.2011
136 Institut der Deutschen Wirtschaft (IW). INSM-WiWo-Deutschland-Check November 2011
137 Meister, Jeanne C.; Willyerd, Karie. The 2020 Workplace: How Innovative Companies Attract, Develop, and Keep Tomorrow's Employees Today. Zit. in: Mentoring für Millennials. In: Harvard Business Manager Juli 2010, S. 39 – 43, 42
138 Umfrage der Metaberatung GmbH. Zit. in: DIE ZEIT online 13. Dezember 2012
139 Deutsche Gesellschaft für Personalführung (DGFP). Psychische Beanspruchung von Mitarbeitern und Führungskräften. Praxispapier 2-2011. Düsseldorf 2011
140 Strauss, Nicolette. Psychisch belastete Mitarbeiter richtig führen. Wie Führungskräfte mit Depression, Burnout, Angst und Sucht in ihrem Team umgehen. In: Laske, Stephan u.a. (Hg.). PersonalEntwickeln. Loseblattwerk, Neuwied: Lieferung Juni 2012
141 Deutsche Gesellschaft für Personalführung (DGFP). Psychische Beanspruchung von Mitarbeitern und Führungskräften. Praxispapier 2-2011. Düsseldorf 2011, S. 20
142 Andere zu den psychischen Störungen zählende Krankheitsbilder wie Psychosen, Demenz, Intelligenzminderung u. a. sind für Führungskräfte weniger relevant, da die Krankheiten entweder seltener vorkommen oder die erkrankten Personen in der Regel nicht (mehr) erwerbstätig sind.
143 Frankl, Viktor. Der Mensch vor der Frage nach dem Sinn: Eine Auswahl aus dem Gesamtwerk. München 2010
144 Auhagen, Ann Elisabeth (Hg.). Positive Psychologie: Anleitung zum "besseren" Leben. Weinheim 2008
145 DIE ZEIT online 27.08.2012
146 Interview mit Götz Werner in www.karriere.de 23.10.2010
147 Kienbaum Management Consultants. Unternehmenskultur. Ihre Rolle und Bedeutung. Gummersbach 2011; Leitl, Michael u. a.. Zwischen Wunsch und Wirklichkeit. In: Harvard Business Manager 4/2011, S. 8 - 11
148 Deutsche Gesellschaft für Personalführung (DGFP). Psychische Beanspruchung von Mitarbeitern und Führungskräften. Praxispapier 2-2011. Düsseldorf 2011, S. 16
149 DIE WELT 20.09.2008
150 Büsch, Victoria u. a. . Determinanten der Arbeitsmotivation und Leistungsfähigkeit älterer Arbeitnehmer und Auswirkungen auf den Weiterbeschäftigungswunsch. In: Comparative Population Studies – Zeitschrift für Bevölkerungswissenschaft Jg. 35, 4 (2010), S. 903 - 930
151 Laut AOK melden sich Banker in 12,4 Prozent aller Fälle aus psychischen Gründen krank – 50 Prozent häufiger als in den 90-er Jahren. Vgl. Badura, Bernhard u. a.. Fehlzeiten-Report 2010. Heidelberg 2011
152 Csikszentmihalhy, Mihaly. Lebe gut! Stuttgart 2001
153 Pressemitteilung der Deutschen Bank 11.09.2012
154 So eine Untersuchung der Universität Erlangen-Nürnberg. Zit. in: Geissler, Cornelia. Manager und Moral. In: Harvard Business Manager 2/2011. Onlinefassung S. 1-4, 3
155 Europäische Kommission. Grünbuch Europäische Rahmenbedingungen für die soziale Verantwortung der Unternehmen. Brüssel 2001
156 Zitiert in: Loew, Thomas; Clausen, Jens. Wettbewerbsvorteile durch CSR. Eine Metastudie zu den Wettbewerbsvorteilen von CSR und Empfehlungen zur Kommunikation an Unternehmen. Berlin, Hannover 2010, S. 9
157 Price Waterhouse Coopers. Millennials at Work. Studie 2008
158 Accenture. Die Net Generation verstehen. Studie 2008
159 KfW Bank. Corporate Social Responsibility im deutsche n Mittelstand. Standpunkt Nr. 7 Januar 2011. Frankfurt am Main
160 McKinsey & Company. Wissen Heft 17, S. 89
161 Rochus-Mummert-Gruppe. Leadership im Topmanagement deutscher Unternehmen. Pressemitteilung 15. November 2012
162Lumesse GmbH. Agile Learning. Studie zur betrieblichen Weiterbildung. Düsseldorf 2012
163 McKinsey & Company. Wissen Heft 17, S. 89
164 Strauss, Nicolette. Mitarbeiter-Kommunikation für Hirn, Herz und Hand: Was die Abteilung interne Unternehmens-Kommunikation von der Neuro- und Motivations-Forschung lernen kann. In: Piwinger, Manfred u.a. (Hg.). Kommunikationsmanagement. Loseblattwerk, Neuwied: Lieferung September 2011

165 Ernst & Young. DAX-Konzerne kommunizieren Personalthemen häufig mangelhaft. Studie 2012
166 Sottong, Hermann. Fehlende Glaubwürdigkeit. in: Harvard Business Manager September 2008, S. 2-3
167 Vgl. manager magazin online 03.08.2010
168 Faktenkontor/Toluna. Repräsentative Meinungsumfrage. Download www.pr-professional.de/content.php?contentid=1396&siteid=321
169 Storch, Maja; Krause, Frank. Selbstmanagement – ressourcenorientiert, Ort 2007, S. 46
170 In: FOCUS 52/2010, 97
171 Mitarbeitermagazin „unter uns" I/2009 des Helmholtz-Zentrum Geesthacht
172 Katholisches Klinikum Bochum. Mitarbeitermagazin „Impuls", Dezember 2010
173 Watzlawick, Paul u. a.. Menschliche Kommunikation: Formen Störungen Paradoxien. Bern 2000
174 Vgl. Psychologie heute 11/2005, S. 34
175 Vgl. FOCUS 52/2010, S.97
176 Vgl. Financial Times Deutschland 05.12.2005
177 „Fans" nennt man die Abonnenten von Facebook-Unternehmensseiten.
178 Morhart, Felicitas; Jenewein, Wolfgang. Was gute Führung ausmacht, in: Harvard Business Manager 11/2010, Onlinefassung S. 1-11, 2
179 Mitarbeiter-werben-Mitarbeiter-Programm gehören zu den Top-3 Kanälen erfolgreicher Mitarbeitergewinnung. Vgl. Index Agentur für strategische Öffentlichkeitsarbeit und Werbung: Personalrecruiting im Umbruch. Berlin 2012, S. 12. Die Deutsche Bahn hat Pläne, Mitarbeitern 2.000 Euro Prämie zu zahlen, wenn sie erfolgreich neue Beschäftigte werben. Vgl. STERN online 15.02.2012
180 Index Agentur für strategische Öffentlichkeitsarbeit und Werbung. Personalrecruiting im Umbruch. Berlin 2012
181 Akerlof, George; Kranton, Rachel. Identity Economics. Warum wir ganz anders ticken, als die meisten Ökonomen denken. München 2011
182 Storch, Maja; Krause, Frank. Selbstmanagement – ressourcenorientiert. Bern 2007, S. 59
183 Csikszentmihalhy, Mihaly. Lebe gut! Stuttgart 2001
184 Wie man Tatendrang trainiert. In: DIE ZEIT online 27.09.2010
185 Vgl. www.bdp-verband.de
186 Headley, Bruce u. a.. Long-running German panel survey shows that personal and economic choices, not just genes, matter for happiness. In: PNAS Early Edition, www.pnas.org/content/early/2010/09/27/1008612107.abstract
187 Bandura, Albert. Lernen am Modell. Stuttgart 1994
188 Zit. in Harvard Business Manager 5/2011
189 Krauthammer International GmbH. Krauthammer Oberservatory 2010
190 Metaberatung GmbH. Studie: Sechs von zehn deutschen Arbeitnehmern bemängeln die Führungsqualitäten ihrer Chefs. Pressemeldung 21.08.2012
191 New York Times. Monatsbeilage der Süddeutschen Zeitung 04.04.2011
192 Strauss, Nicolette. Die andere Ich AG. Managen Sie sich selbst wie ein erfolgreiches Unternehmen. Frankfurt am Main 2003
193 Vgl. Bundesanstalt für Arbeitsschutz und Arbeitsmedizin. Arbeitsunterbrechungen und Multitasking. Bericht 2010
194 Bischoff, Sonja. Wer führt in (die) Zukunft?: Männer und Frauen in Führungspositionen der Wirtschaft in Deutschland - die 5. Studie, Band 5. Bielefeld 2010
195 Vgl. Frankfurter Allgemeine Zeitung online 6. Oktober 2012
196 Vgl. Wirtschaftswoche online 10. Januar 2011
197 Vgl. Deutsche Gesellschaft für Psychiatrie, Psychotherapie und Nervenheilkunde. Ergebnisse vorgestellt auf dem Symposium „Die schlaflose Gesellschaft" 2010 in Berlin. Zit. in DIE ZEIT online 29. Oktober 2010
198 Ehrman, Mark; Mednick, Sara. Take a Nap! Change Your Life.. The Scientific Plan to Make You Smarter, Healthier, More Productive. Workman Press 2007
199 Deutscher Führungskräfteverband. Manager Monitor 01/12 24. Januar 2012
200 Kriegesmann, Bernd u.a.. Innovationen ohne Risiken und Nebenwirkungen? Nachhaltige Präventionsstrategien für Innovationsarbeiter/-innen entwickeln! Bochum 2010
201 Stiftung Männergesundheit/Deutsche Gesellschaft für Mann und Gesundheit e.V.. Erster deutscher Männergesundheitsbericht. Berlin 2010
202 Vgl. DER SPIEGEL 22/2012 26. Mai 2012
203 OECD-Pressemeldung 12. April 2011
204 Vgl. DIE ZEIT online 6. Dezember 2010
205 Gilkey, Roderick u. a.. Emotionale Manager sind die besseren Strategen. In: Harvard Business Manager 11/2010
206 Kets de Vries, Manfred. The Leader on the Couch. 2006
207 Kets de Vries, Manfred. Führer, Narren, Hochstapler. Stuttgart 2008
208 Schulz von Thun, Friedemann u. a. Das Innere Team in Aktion. Reinbek 2004
209 Berne, Eric. Spiele der Erwachsenen. Frankfurt/M. 1970; Bradshaw, John. Das Kind in uns. Wie finde ich zu mir selbst? München 1994; Chopich, Erika J. U. A. Aussöhnung mit dem Inneren Kind. Berlin 1998

210 Jung, Carl Gustav. Über die Archetypen des kollektiven Unbewussten. In: Ders. Bewußtes und Unbewußtes. Frankfurt/M. 1978, S. 11f.
211 Berne, Eric. Was sagen Sie, nachdem Sie guten Tag gesagt haben? Frankfurt/M. 1983
212 Vgl. Psychologie heute Mai 2005, S. 42-43
213 Umfrage "Bürgerbefragung Öffentlicher Dienst 2011" von Deutschem Beamtenbund und Meinungsforschungsinstitut forsa. Zit. in: DIE WELT online 20. Oktober 2011
214 Vgl. z. B. Gesellschaft für Konsumforschung. GfK-Vertrauensindex 2011, Pressemeldung 17. Juni 2011
215 Wertekommission. Initiative Wertbewusste Führung. Führungskräftebefragung 2009
216 Vgl. DIE ZEIT online 29. Oktober 2010
217 Vgl. DER SPIEGEL online 17. November 2010
218 Vgl. DIE ZEIT online 9. Juli 2012
219 Richter, Horst-Eberhard. Das Ende der Egomanie. Köln 2002, S. 198
220 Wittchen, Hans-Ulrich. u. a. The size and burden of mental disorders and other disorders of the brain in Europe. in: European Neuropsychopharmacology 21, S. 655 - 679
221 Deutsches Institut für Wirtschaftsforschung (DIW). Studie auf Basis des Sozioökonomischen Panels 2012. Zit. in DIE ZEIT online 19.09.2012
222 DIE ZEIT online 27.08.2012
223 Studie der Universität Tel Aviv, in: DER SPIEGEL online 02.03.2011
224 Techniker Krankenkasse, Pressemeldung 16.02.2010; DER SPIEGEL online 26.04.2012
225 Studie der Universität Trier, in: DER SPIEGEL online 02.03.2011
226 Leibnitz Institut für Altersforschung, Pressemeldung 13.03.2012
227 Vgl. DER SPIEGEL online 23. August 2011
228 Vgl. www.sueddeutsche.de 24.10.2012
229 Towers Watson. Global Workforce Study 2012/2013. New York/München 2012
230 Gallup GmbH. Gallup Engagement Index. Pressemeldung 20.03.2012
231 Porath, Chrinstine u.a.. Overlooked but not untouched. How rudeness reduces onlookers' performance on routine and creative tasks. In: Organizational and Human Decision Processes 109/2009; S. 29 – 44. Dies.. The Cost of Bad Behaviour. In: Organizational Dynamics 39/2010, S. 64 – 71. Beide zit. in: STERN 20.07.2010
232 Vgl. DER SPIEGEL online 21.07.2012
233 Financial Times Deutschland und GfK Verein. Leben und Arbeiten in Deutschland. 2012. Zit in: Financial Times Deutschland 08.11.2012
234 Boston Consulting Group. Creating People Advantage. How to Adress HR Challenges Worldwide Through 2015. 2010
235 Vgl. DER SPIEGEL 4/2011
236 Universität Stuttgart. Gemeinsame Pressemittelung der Universität Stuttgart, AOK Baden-Württemberg, Deutsche Rentenversicherung u. a. 26.07.2011
237 Süddeutsche Zeitung 24.07.2012
238 Statistisches Bundesamt laut Pressemitteilung der IG Metall 24.01.2012
239 Vgl. Handelsblatt 09.02.2010
240 TÜV Süd. Pressemeldung 25.11.2010
241 Wirtschafts- und Sozialwissenschaftliches Institut der Hans-Böckler-Stiftung. Mitteilungen 7/2010
242 Tuomi, K. u. a. Arbeitsbewältigungsindex/Work Ability Index, Bremerhaven 2003
243 Towers Watson. Global Workforce Study 2012/2013. New York/München 2012
244 Boston Consulting Group (BCG). From Capability to Profitability: Realizing the Value of People Management. Zit. In: BCG-Pressemeldung 18.10.2012
245 Towers Watson. Global Workforce Study 2012/2013. New York/München 2012
246 IFAK Institut. Arbeitsklima-Barometer 2007. Pressemeldung 12.06.2007
247 Auxilion AG Managementberatung. Familienunternehmen 2010/2011. Heppenheim 2011
248 ADP Employer Services GmbH. Pressemeldung 21.01.2011
249 Penning Consulting. Forsa-Umfrage unter 130 Unternehmen. Zit. in: www.haufe.de 28.09.2012
250 Watson Wyatt Worldwide. The 2005/2006 Communication ROI Study™
251 The Learning Consultancy Partnership. In: www.slideshare.net/clairewalsh/internal-communication-1316646)
252 Towers Watson. Clear Direction in a Complexe World. Change and Communication ROI Study Report. 2011, S. 3
253 Badura, Bernhard u. a. Fehlzeiten-Report 2010. Heidelberg 2011
254 EU-OSHA. Rendite von Gesundheitsprävention. Pressemeldung 07.10.2010
255 Berry, Leonard L. u. a. Mein Mitarbeiter, mein Patient. In: Harvard Business Manager 4/2011, S. 50 - 63
256 Kramer, Ina u. a. Return on Investment im Kontext der betrieblichen Gesundheitsförderung und Prävention. In: iga-Report 16, 2008
257 Centrum für Disease Management der TU München (CDM). Präsentation zum ROI von Betrieblichem Gesundheitsmanagement. Ohne Jahr (liegt der Autorin vor)

258 Boëthius, Stefan. Präsentismus: Die unsichtbaren Fehlzeiten. In: Jähnig, Markus (Hg.). Betriebliches Gesundheitsmanagement. Frankfurt 2011, S. 36 - 39
259 McKinsey & Company. Women matter. Studie 2010
260 Zit. in: Henn Consulting. Pressemeldung 06.10.2010
261 Ernst & Young. Analyse Mixed Leadership. Stuttgart 2012
262 Vgl. Maggi, Eliane. Prävention rechnet sich. In: Der Arbeitsmarkt. Das Schweizer Portal für Arbeit und Beschäftigung 17.03.2012
263 Schwartz, Tony. Mission Entspannung. In: Harvard Business Manager 8/2010, S. 42 - 48
264 Kienbaum Consultants International GmbH. Report zur Arbeitgeberattraktivität von Familienunternehmen. Pressemeldung 27.09.2010
265 Strauss, Nicolette. Corporate Social Responsibility in der Unternehmenskultur und Mitarbeiterführung: Chancen und Risiken. In: Laske, Stephan u. a. (Hg.). PersonalEntwickeln. Loseblattwerk, Neuwied: Lieferung Juli 2009

mb! MoreBooks! publishing

i want morebooks!

Buy your books fast and straightforward online - at one of world's fastest growing online book stores! Environmentally sound due to Print-on-Demand technologies.

Buy your books online at

www.get-morebooks.com

Kaufen Sie Ihre Bücher schnell und unkompliziert online – auf einer der am schnellsten wachsenden Buchhandelsplattformen weltweit! Dank Print-On-Demand umwelt- und ressourcenschonend produziert.

Bücher schneller online kaufen

www.morebooks.de

VSG VDM Verlagsservicegesellschaft mbH

VDM Verlagsservicegesellschaft mbH
Heinrich-Böcking-Str. 6-8
D - 66121 Saarbrücken
Telefon: +49 681 3720 174
Telefax: +49 681 3720 1749
info@vdm-vsg.de
www.vdm-vsg.de